给所有的孩子一样的阳光和雨水,但不要求他们长一样高,结一样的果。如其所是,就是最好的教育。

恕我真言

周春良

WEI XINGFU
ER JIAO

王开东 —— 著

为幸福而教

好人才有好课

漓江出版社
·桂林·

图书在版编目（CIP）数据

为幸福而教：好人才有好课/王开东著. -- 桂林：漓江出版社，2025. 1. -- ISBN 978-7-5801-0195-2

Ⅰ. G4-53

中国国家版本馆 CIP 数据核字第 2025R843X9 号

为幸福而教——好人才有好课

作　　者　王开东

出 版 人　梁　志
策划统筹　文龙玉
责任编辑　章勤璐
助理编辑　唐子涵
营销编辑　俞方远
装帧设计　周泽云
责任监印　黄菲菲

出版发行　漓江出版社有限公司
社　　址　广西桂林市南环路 22 号
邮　　编　541002
发行电话　010-85891290　0773-2582200
邮购热线　0773-2582200
网　　址　www.lijiangbooks.com
微信公众号　lijiangpress

印　　制　天津嘉恒印务有限公司
开　　本　710 mm×960 mm　1/16
印　　张　17
字　　数　228 千字
版　　次　2025 年 1 月第 1 版
印　　次　2025 年 1 月第 1 次印刷
书　　号　ISBN 978-7-5801-0195-2
定　　价　56.80 元

漓江版图书：版权所有，侵权必究
漓江版图书：如有印装问题，请与当地图书销售部门联系调换

目 录
CONTENTS

第一章　教师的修炼

何为好课 / 002

何为名师 / 005

好教师最缺什么 / 009

好教师最需要什么 / 012

答青年教师现场提问 / 018

和青年班主任的谈话 / 025

老师都是"大骗子" / 028

优秀教师都是"大猴子" / 031

最好的老师不教书 / 035

最重要的是教育常识 / 038

教师如何避免被投诉 / 046

教师如何从优秀走向卓越 / 050

做一个反思型教师 / 056

上天让你成为一名好教师 / 062

第二章　教育的法则

教育是什么 / 066

教学水平并非老师的第一要素 / 067

教育的三个黄金法则 / 071

教师的作用是有限的 / 075

教育不必摸着石头过河 / 077

教育领域的隐形冠军 / 083

教育情怀为何是第一位的 / 086

教育公平的另一个维度 / 090

教育到底有没有真谛 / 095

教育，不能都教有用的东西 / 098

只有爱也没有教育 / 103

什么才是最好的课堂 / 107

教师的平庸之恶 / 110

打造麦田里的守望者 / 119

第三章　培优的诀窍

不必一心扑在孩子身上 / 130

孩子成长中的大忌 / 134

幸福与优秀哪个更重要 / 142

优等生哪里去了 / 145

"不要脸"的故事 / 151

请给低分孩子一点关怀 / 158

"差生"可以改变世界 / 162

为何"差生"也能成为好老师 / 169

请帮助孩子成为具有人性的人 / 176

把人生意义的选择权交还学生 / 180

老师不能瞎折腾 / 185

老师不容易，学生也不容易 / 190

假如学生是你的孩子 / 193

默写不能包治百病 / 197

第四章　工匠的精神

我心目中的教育家精神 / 202

教育最需要底线思维 / 207

好教师的精神力量 / 210

名师成长的五大境界 / 217

教师要有工匠之心 / 220

老师为何要有崇高感 / 226

寻找我们自己的星辰大海 / 229

那些逆行的老师 / 234

教师专业发展的三大死穴 / 237

敬畏学生 / 242

别丢掉，这一把理想主义 / 247

教师要捍卫自己的教育权 / 251

做不服从江湖的教师 / 256

一个人的专业精神 / 260

第一章

教师的修炼

> 心若改变，你的态度跟着改变；态度改变，你的习惯跟着改变；习惯改变，你的性格跟着改变；性格改变，你的人生跟着改变。
>
> ——马斯洛

何为好课

何谓课堂？

有老师，有学生，是不是就叫课堂？有黑板，有粉笔，有三尺讲台，是不是就叫课堂？有人传道、授业、解惑，有人听话、听讲、听理，是不是就叫课堂？

我觉得这些都是外在的表象，都不是课堂的本真。

那么，课堂的本真是什么？或者说，好的课堂是什么样子的？

好的课堂必须有一种氛围在弥漫。日本的佐藤学先生认为是"润泽"。我的理解是，好的课堂氛围必须是湿润的、润滑的、和谐的；还有，好的课堂是有光泽的，有恩泽的，能够泽被后人的，有维生素和精神滋养的。

好的课堂必须到生命里去。我主张课堂要"从生活中来，向生命里去"。当然，这里的生活不仅仅是我们日常的生活，须知教育也是生活，而且是更重要的生活；但核心一定要往生命里去，一切没有进入灵魂的东西，没有进入思想和精神层面的东西，都是肤浅的、表层的，都注定没有与自己的知识体系和结构产生撕裂，因而也不可能整合到自己的认知世界里去。

这个时候，课堂看上去轰轰烈烈，但是，生命不在场，灵魂不在场，真正的教育并没有发生。

好的课堂必须充满矛盾。世界的本质就是矛盾的，认识事物也是矛盾的，知识的获得和层递都是在矛盾中产生的，因此，课堂的核心必须是矛盾的产生、解决，以及新矛盾的产生和绵延。没有矛盾的课堂是没有张力的课堂，没有挑战的课堂是生命不能激荡的课堂。好的课堂必须在"去弊，遮蔽，再去弊"中螺旋式发展，从而达到"去弊、澄清、敞亮"的境地。

好的课堂必须伴随着发现。在"认知激情"的驱使下，课堂参与者努力探索生活世界的生存奥秘，构成了课堂的魅力所在。发现唯有课堂中才能发现的东西，或者重新经历知识原初发现的惊险和战栗，乃是课堂存在的唯一理由。一个好的课堂，如果不能发现一些学生当时还未知的存在，那它就是一个不道德的课堂。发现是课堂的唯一道德。

发现的绵延，构成了所谓的课程，或者说是课堂发展史。

好的课堂必须是暧昧的。我们需要面对的不是一个唯一的绝对真理，而是一大堆互相矛盾的相对真理，所以，人所拥有的唯一可以确定的，是一种不确定的智慧。

然而，课堂上，我们常常有一种天生的不可遏制的欲望，那就是在理解之前就评判，仿佛我们拥有一个先验的绝对真理。

有没有绝对真理，我没办法给出确切的论证。但所有课堂上的绝对真理，只能理解为绝对愚蠢。课堂的本质，不应是一种道德态度，而应该是一种探询。因为世界具有本质上的相对性，这种相对性决定了最高审判官的缺席。

那么，谁是课堂之上的最高审判官？课堂上的最高审判官，只能是岁月，或者说是课堂沉淀之后所剩下来的东西。任何外力都没办法代替，代替是可耻的，也是拙劣的。

好的课堂必须理论化。好的课堂，必须在反思之后，进行选择、萃取、晶化或改造、重组，使之成为一种理性思维乃至理论成果。这是课堂的后续，但却是好课必不可少的一部分。

然而，很多教师不重视理论，甚至鄙夷理论，敌视理论，使得很多的好课因岁月流逝而湮没于荒烟蔓草间。殊不知这些好课，当初的芽儿，浸透了奋斗的泪泉，洒满了牺牲的血雨。

马尔库塞说："思想的力量并不能改变世界，但它能够改变一个人，而人是能够改变世界的。"

思想可以转化为理论，而理论岂止是能改变人，更重要的是能够指引人，塑造人，这是课堂必须理论化的最重要的理由。

伟大的乔治·奈勒说："那些不应用哲学（理论）去思考问题的教育工作者必然是肤浅的。一个肤浅的教育工作者，可能是好的教育工作者，也可能是坏的教育工作者——但是好也好得有限，而坏则每况愈下。"

每一个教师，每天都与课堂相伴，课堂就像是我们形影不离的恋人。而对这个与我们息息相关的恋人，我们真正的理解还很少，原因有三。其一是钟情不够，其二是习焉不察，其三是离我们最近的东西往往离我们最远。

正如泰戈尔所说，世界上最遥远的距离，就是鱼和飞鸟的距离，一个飞翔在天上，一个潜藏在海底。

何为名师

今天故地重游，回到苏州中学，回到美丽的道山。领导不在家，委托我参会。

先说一点题外话。2015年某一天，也是像今天这样细雨蒙蒙的日子。我面临着人生的重大选择，或者去行政部门，或者留在高薪的私立学校，或者到苏州中学来做老师。

这是一个灵魂的拷问，那一天应该是假日，校园里没有什么人。细雨蒙蒙中，我一个人瞻仰了范仲淹先生的雕塑，把《岳阳楼记》读了一遍又一遍。

有人提醒知州范仲淹，先生家的南园是一个读书的好地方，范氏家族至少要出三个宰相。范仲淹一听，这怎么行？第二天他就把南园捐出来了。理由是，既然南园是一个读书的好地方，我范氏家族怎能一家独占？我要捐出来办学，让姑苏老百姓的子弟都能读书，都能成才。这就是范仲淹，大写的范仲淹。

一个封建官员，如此高风亮节，怎不让人感慨。范公堪称"立德、立功、立言"三不朽的典型。立德：创办府学，推行安定教法。立功：多年戍边，"人不寐，将军白发征夫泪"。立言："先天下之忧而忧，后天下之乐而乐。"先忧后乐的精神已成为中华民族最宝贵的财富之一。

我们今天在道山，在曾经的府学所在地举办程振理教授领衔的"苏州首批语文名师工作室"启动仪式，意义就更加不一般了。

我想说两个问题。

第一个问题是何为名师。我想谈谈名师的内涵。

名师的内涵，重点在这个"名"字，这个"名"我把它理解为三个方面。

第一个方面是名气。名气就是社会知名度。名气用"大"和"小"来区分。这个人有名气，那个人没名气；这个人名气大，那个人名气小。名气是外在的表现。

第二个方面是名声。名声与名气不同。名声以"好"与"坏"来评价，名气不含道德评价，名声则是广为流传的社会评价，体现一个老师的思想、学术、操守、人格和价值。它的存在和优劣不以人的主观愿望为转移，必须由社会赋予和人民公认。

第三个方面是名望。一个人有名气和名声，或许就会产生威望。但这个"威"不是权力带来的，而是由学术道德所产生的高山仰止的感觉。名副其实，一致公认，众望所归，这就是名望的内涵。

我希望未来我们的名师们，在程教授这个工作室中好好成长，将来，名气要大，名声要好，名望要重。这三个方面结合起来，才是名师工作室的价值所在。

第二个问题是名师何为。顺便谈谈我对名师工作室的理解。

名师最大的特点就是专业性，所以名师工作室又叫专业共同体。作为一名普通的语文工作者，对名师工作室，我有三点憧憬。

第一是专业追求。

名师不是一个结果，而是一个过程。《西游记》中，十万八千里的取经之路，孙悟空一个筋斗能到，为何不一个筋斗就把经书取回来？为什么在取到真经之后，要设置一个老乌龟把经书毁坏了的场景？

事实上这含蓄地告诉我们，《西游记》中的取经，根本不在于经，而在于取，更在于取的路上。征程即真经，"永远在路上"最重要。

在专业追求的过程中，其实，我们每个人都像丑小鸭一样，一开始笨拙、艰难、颠三倒四。我们害怕学生不喜欢我们，家长不接受我们，学校不欣赏我们。我们拼命追求，努力奔走。走啊走啊，走过黑夜也走过白天，走过泥泞也走过陡坡。有慷慨悲歌，也有长歌当哭。

走着走着，春天就来了；走着走着，世界就敞亮了；走着走着，临水一照，发现自己并不平凡，呼哨一声突然翱翔于万里长空。

只要你有不懈的追求，整个世界都会为你让路。

第二是专业人格。

我相信，在不断自我发展的过程中，大家的眼界越来越开阔，心灵越来越宽广，境界越来越高迈。名师成长的过程，是一个追求教育理想和教育情怀，逐步迈向崇高的伟大过程，所以保持专业人格极为重要。

所谓保持专业人格，就是要做大教师，不做教书匠。这个大，是大胸怀，大格局，大境界；是看得远，看得准，看得深；是行得端，走得正，飞得高。专业人格，还表现在这些方面：要始终立足课堂，不东张西望，不三心二意，不首鼠两端，为学生的生命奠基，把课堂看得和天一样大，把学生成长看得和命一样重。

为人生而教，为未来而教，为中国而教，像范仲淹先生一样，天下未忧我先忧，三尺讲台，胸怀天下，宁鸣而死，不默而生。

第三是专业自我。

在成长为名师的过程中，我们一定不要丢失初心，更不要忘却自我。在名师团队中，语文名师应该是也必须是最有担当的一个群体。如果语文名师都堕落，也陷入名利场，那名师还有什么社会意义呢？那就真像有些人所说的那样：大树之下，寸草不生。名师过去，一地鸡毛。

大家跟着程教授学习，如果所有人最终都成为程教授，这肯定不是程教授所愿。道之所存，师之所存也。我们一定不能有门户之见，而要海纳百川，转益多师，像海绵吸纳海水一样，学习百家之长。

但任何时候，你们都不能忘记自我，尤其是专业自我。桓温与殷浩是好朋友，都是人中龙凤，从小到大，两人一直明争暗斗。后来桓温大权独揽，殷浩却北伐屡屡失败，一蹶不振。桓温志得意满，问殷浩："卿何如我？"殷浩回答："我与我周旋久，宁作我。"自己与自己周旋太久了，只有自己才了解自己，还是要做自己。这是迄今为止我见到的最大的傲娇。不忘自我，方得始终。

哲学上说，认识了自我，也就认识了世界，我心即宇宙。失去自我也就失去了世界的全部，没有自我，世界与你何干？所见即世界，所选即人生。名师发展的路径，见自我，见天地，见众生，如是而已。

好教师最缺什么

好老师都有一颗敏感的心。这个表述其实不准确。应该说，好老师对孩子都有一颗敏感的心，因为孩子很敏感，好老师总用敏感的心去揣摩孩子，体贴孩子，久而久之，也就有了一颗敏感的心。

初中时，我有一个数学本，保留了很长时间。之所以保留很长时间，是因为一位数学教师。

他已经很老很老了，满头白发，拖着脚，颤颤巍巍，声音低沉沙哑，简直就像一个病人。但他温和、慈祥、诲人不倦，可惜他只教了我们一学期。

那时候，我数学极差，几乎"病入膏肓"。我确乎像一个病人，无药可救，站在悬崖边，只要一迈腿，就会粉身碎骨。

但我的数学本上却全是他打的红钩钩。

我亲眼看见他打钩，用一支蘸水笔，插在没有盖的墨水瓶中，饱蘸墨水，然后，使出很大的力气，唰，唰，唰，红钩排成一排，前后呼应，像一支整齐的队伍。

那些钩，笔墨浓烈、酣畅、饱满、鲜艳夺目，也赏心悦目，每当看到那些振奋人心的红钩钩，我就觉得自己还有救，尽管已经奄奄一息了。

老教师的教法很特别，可能是岁数大了，教不动了。教学基本上都是让我们自己看，以自学为主。作业也都是当堂完成，每天三道题。他坐在讲台前的椅子上，让我们过去，一个个面批。

我们都是用铅笔做的，面批时，老先生也用铅笔，勾勾画画，直到我们听明白为止。然后，我们用墨水笔订正，再交给他。我们眼巴巴地看着他，直到他看完作业，摘下眼镜，擦一擦，再戴上，从眼镜上方对我们投来满意的一笑，我们就知道过关了。

然后，他就会用笔蘸上墨水，大笔一挥，红钩钩跃然纸上。我的本子上都是嘉许和赞美，浓得化也化不开。

我非常珍惜这个本子，总是揣在书包里，还经常拿出来翻看，它是我还行的证明，也是我自尊的源泉。艰难的数学慢慢变得不可怕了，为了不让自己有一个叉，我非常细心，非常认真，我用尽了自己全部的力气。我知道只要有一个叉，就不完美了。

后来，我读到张瀚《松窗梦语》中的一则逸事，深有体会。张瀚初任御史前去参见都台长官王廷相，王廷相给张瀚讲了一个故事：一天他乘轿进城，刚好下大雨，一个轿夫穿了双新鞋，一开始他小心翼翼地择地而行，后来一不小心，踩进了泥水中，之后，轿夫便"不复顾惜"了。

王廷相说："居身之道，亦犹是耳，倘一失足，将无所不至矣！"

那个时候，我之所以坚持不想出现一个叉，就是因为自己恍惚明白，一旦有了一个叉，那就跨过了完美到不完美的分界线。不完美的东西，就没有必要珍惜了。而你自己不珍惜，人家就更不会去珍惜。

后来，老教师退休了，我让那个零错误的本子也退休了。完美的东西必须珍藏起来。

再后来，新教师来了，教学水平很高，超出老教师很多，我努力不想错，也曾经连续两周没有出错，但总觉得新教师的钩没有力道，没有温度，轻飘飘的，不太真实。

有一天，我终于错了，一个大大的叉！那个叉非常醒目，老师似乎是生气了，叉入"本"三分，划破了纸……

再后来，我的错越来越多，叉越来越多，但鬼才在乎它呢！任何东西，当你不在乎的时候，你就是强大的，你不在乎，它就对你不起任何作用。

我的数学慢慢回到了"病入膏肓"的状态，只是在睡梦中，我还是会想起老师的红钩钩，给我的人生增添了无限光彩。

等到我做了老师之后，我才能慢慢审视其中的奥秘。

首先，孩子是敏感的、脆弱的，任何时候，孩子都需要鼓励，赏识教育永远是教师的第一选择。赏识很可能不仅仅是能增加孩子的自信，更重要的是，能增加孩子的安全感。没有安全感，就没有真正的教育。

如果要追问，老师为什么也要敏感？那么，敏感的背后就是在乎，在乎的背后就是尊重，尊重的背后就是愿意倾听来自孩子的心声。

其次，教与学，不是老师教、学生学，而是老师教学生学，甚至也不是老师教学生学，而是老师教学生自学。无论如何，学生的学不能打折扣。身处一个终身学习的时代，学生必须从现在开始就能够自学。

再次，面批是最有效的教育手段，因为耳提面命、耳濡目染、及时问答，这就有了一个场效应。这个效应不仅有助于知识沿直线传递，更有情感上的和谐碰撞，是最高明的教学相长。

最后，如果说，教师的教学水平是师德，那么，老师发自内心的真诚的爱更是师德。

道理很简单，因为老师所教的知识未来会过时，会一文不值，但老师传递给我们的那一份温情，却注定能够温暖我们，成为我们生命最深处的信仰。也许，这才是真正的教育。

好教师最需要什么

这个世界上有一种人，生来就是好人，然后恰好又做了教师，其意义就非同小可了。他们的职业因之光彩夺目，生命因之丰富多彩，人生因之厚重而有意义感。梁丰高中的任小文就是这样的一位教师。

小文老师执教生物，我执教语文。因为我俩所教的学科不同，又不在一所学校，所以我和小文老师的交往并不多。但我，或者说我们，都对她充满敬意。说句实在话，在教育行业中，值得敬佩的人也许并不多，但我觉得小文是其中一个，虽然我和小文老师真正的交集只有三次。

第一次是听小文老师讲座。

有一回外国语学校邀请小文讲课。看着小文优雅地给老师们讲读书，我被吸引了。一个生物老师那么热爱文学，热爱艺术，太让人感动了。她喜欢杨绛，喜欢毕淑敏，还引用了毕淑敏《我很重要》中的一段话，大概意思是每个生命都是独一无二的孤本，都有生命的尊严。

她谈默会知识，谈教师职业，她认为"教师既不像人们歌颂的那般崇高，也不像世人眼中那般卑微。教师，只是众多职业中的一种而已"。但简单的校园生活却能让她安心，安心做教育，安心做课堂，安心做人。

她谈自己的成长，说一切得益于看书，她说："感谢那个时代没有电脑，没有网络。所以我能疯狂地听课，疯狂地看书。"因为读书，她逐渐产生了对"学生错误的认识""课堂节奏认识""学生认知结构"等系统观念的理解，然后把这些理解运用到课堂教学中，将课堂变得丰富起来。毕竟，有理念的课堂和没理念的课堂怎么可能一样？

她谈自己的教育转型，她说："原来的教学我会更多地考虑怎么教，但是现在我会更多地考虑学生为什么学。帮助学生厘清学什么、怎么学，选择对他们来说最有价值的东西去学，让课堂成为我和我的学生享受生命、共同成长的舞台。并不是每朵花都是在春天开放的，教育需要长情的守候……"

最后她用杨丽萍的孔雀舞图结束，杨丽萍曾两次登上央视跳孔雀舞，一辈子把一件事做好，就很了不起了。这两幅杨丽萍的孔雀舞图曾深深打动我，也道出了我的心声，并且成为我做报告结束的一种选择。

就在那一次报告中，小文老师突然问，听说你们学校有位老师叫王开东，在哪里，站起来让我看一眼。因为她听老师和学生说起过我。

我站起来了，有点尴尬，貌不惊人，普普通通。我是有社交恐惧症的人，虽然觉得小文老师讲得特别精彩，我的感悟特别多，但会后我并没有告知她我的感受。我觉得小文老师应该能够理解，我们这些人不喜欢抛头露面，喜欢沉浸在自己的世界里。默默观望，深深祝福，也许就是最好的回馈。

第二次是参加苏州教育名家的评审。

这次评审，我和小文都是候选人。我原本还有点紧张，但看到小文淡泊从容的样子，我就一点不紧张了。原因很简单，能够和小文站在一起，我觉得自己特别光荣。那一次，是我人生中最不在意输赢的一次。不管输赢，都无所谓。潜意识里，我觉得我不配和小文享受一样的荣誉。这是我当时真实的心境。也就是那一次，我和小文互加了微信，小文还给我发了几张我演讲时的照片。当时一起聊天的还有管建刚老师。

我坐在下面，认真听小文的演讲，平和的语调，不轰轰烈烈，不惊心动魄，却如溪水流淌，温和圆润，春风化雨。

她认为教育的对象是人，是成长中的人。所以教师的态度应该有两个方面：一是接纳，要给予孩子必要的关爱和关心，关注他们成长的需求；二是引导，孩子从一个自然人，要成为懂得社会规则的人，在这个过程中他应该接受一些教训，不能自由散漫，不能想怎么长就怎么长……

她还认为，教育生涯是爱和幸福的延续，教育是一种守望，是一个生命对另一个生命的美好期盼。我们应该在这种美好的期盼中等待，陪伴着生命的生长。在这个基础之上，再来谈学科课程和教学。

学科课程是一种素养，是经过特定课程的熏陶所形成的一种理解，能够让人们更好地看待这个世界，引导人们更好地生活。教学是一种修炼，在教与学中师生互相倾听、对话，共同学习和反思，实现共同成长……

恍惚间，我忘记了我是在比赛，我觉得我就是小文老师的学生，我就身处小文老师的课堂之中。

第三次就是昨天。

小文老师突然问我的电话号码，我有点紧张，赶紧问小文老师有什么任务布置给我，我一定完成。小文老师这才不好意思地告诉我，她要给我邮寄点药。

我这才恍然想起，有一次我在文章中说自己去了运城，回家后嘴巴破了，嗓子发干发痛，火气特别大。小文老师就推荐我，吃点泡腾片补一补。小文老师是生物学的特级教师，对她的话，我当然深信不疑。没想到小文老师还记得这事，她那么忙，还给我买了两盒泡腾片。

我和程老师都感动坏了，离开港城5年多了，很多关系，很多人都淡了。小文老师平常和我们几乎不联系，她德高望重，工作繁忙，却如此关心我们后辈，怎不让人感动？

回头再细想了一下，有一个问题非常有价值，以任小文老师为蓝本，我们不妨探究一下。一个优秀老师身上，究竟哪些素养最重要？

第一是高超的教育艺术。

港城老百姓都有一个梦想，那就是自己的孩子被任小文选中，进入学校生物集训队。一旦进入这个集训队，就意味着半只脚迈进了北大。

小文辅导竞赛是超一流的。她的学生在全国生物奥赛中每年都能取得好成绩。她所带的学生，有6人曾4次代表江苏省（3人队）参加全国中学生生物学奥林匹克竞赛的决赛，分别获得了三金、两银、一铜的好成绩。有3人进入国家集训队。她还辅导学生欧洋夺得了第17届国际生物学奥林匹克竞赛金牌。她的女儿也是通过生物竞赛进入北京大学的。

在一个小小的县级市，这个成绩是辉煌夺目的，也是罕见的。

但重要的是，小文从来不觉得这是多大的一件事，她永远低调，说话轻声细语。小文应该快退休了，但她长期坚持夜间办公，即使是周末，也从不间断。

她不仅教出了最好的学生，也带出了最好的徒弟。她对青年教师太热情了，她上示范课，手把手指导徒弟们设计教案，制作课件，挑选资料，她从不在乎任何名利。小文老师是我见过的最纯粹的人，至少是之一。

在她的帮助下，学校生物组的青年教师团队迅速成长起来，这种快乐和小文老师培养优秀学生的快乐是一样的。

刘瑜曾写过一篇文章《一个人要像一支队伍》，任小文老师虽然身材瘦削，但她在我们的心目中，就是一支强大的队伍，蕴藏着无穷的精神力量。

第二是发自内心的真诚的爱。

前几年我一个朋友去小文老师的学校担任副校长。一次吃饭时，他偶然说到一个信息。他说，有班主任告诉他，任小文老师每接手一个班级，都要到班主任那里打听，班级有哪些孩子的家庭特别困难。小文会找机会资助这些孩子读书。但让班主任严格保密，守口如瓶。无私地帮助孩子，却又小心地保护孩子的自尊心，生怕被别人知道。这就是小文。

我当时就惊呆了，朋友很快转换了话题，但那个下午，谁也不知道对我意味着什么。我从此更觉得自己人生的境界不够，还需要不断提升。我把小文视为精神上的朋友，我们不说话，就非常美好。

后来我和几个朋友聊天说到这事。任小文的老朋友都知道，她默默资助贫困孩子读书已经好多年了。这就是一个老教师的情怀。她对学生的爱是发自心灵深处的，学生也爱她。在这样的师生关系中，还有什么教育搞不好呢？

第三是绝不在乎名利。

有人说，鸟儿的翅膀上绑有黄金就飞不起来了，人也一样。

小文是一个彻底摒弃了功名利禄的老师。她埋头在自己的工作之中，把教研组长做到了极致。她不在乎什么外在荣誉，每一次都是推了又推，实在推不了就只能接受。她所获得的荣誉都是"砸"在她身上的。

前几年组织上考察任小文，因为小文是民主党派人士，又是女同志，大家都觉得小文要做官去了，大家做了很多种假设。但小文又一次拒绝了，她喜欢孩子，热爱讲台，眷恋教育。

她若离开讲台绝对是这所学校、这个城市很多孩子的重大损失。听到小文最终还是留在学校，我们都长舒了一口气。

从小文清澈如水的笑容中，我们就能感受到她身上的那种职业素养，以及因为教育而产生的职业幸福，还有人性的光辉。这种光辉，连带着让我们都获得了一种尊严，也觉得做教师挺幸福、挺高尚的。从这个角度来说，小文就是我们的标杆和榜样。

人民教育家培养对象、全国优秀教师、苏州人大代表、江苏省特级教师、首批教授级高级教师、苏州市教育名家……这些耳熟能详的荣誉其实都是死的，放在很多人身上都只是名利称号罢了，只有在小文这个具体的人身上，我们才觉得实至名归，意义重大。

这些年，我认识的人越来越多，朋友却越来越少。我不再虚与委蛇，也不再察言观色，我就是我，能合则聚，不能合则散。古语说，白头如新,倾盖如故。意为,有的人交往一辈子,青丝变成白发,还是泛泛之交,不得要领;有的人三两句交流,已经心有默契,成为故友。我想小文与我可能就是后者吧,只是我有些高攀了。

记得小文最喜欢杨绛先生的一句话:"假如是一个萝卜,就力求做个水多肉脆的萝卜;假如是棵白菜,就力求做一棵瓷瓷实实的包心好白菜。"

我觉得,小文一辈子都在践行这句话。用萝卜和大白菜的精神,实实在在地做一名好教师,与学生共成长。

我要向小文学习,也要做水多肉脆的萝卜,还要做小白菜,小一点没关系,但一定要瓷瓷实实的。

答青年教师现场提问

已经说了几年了,昨天终于抽出时间,为大学同宿舍的兄弟老七站台。老七博士毕业后,执教于桐乡市高级中学。这是县级市的一所高中,但每年清北学生竟然有七八个之多,还曾经创造过4年3位省状元的佳绩。

我没想到这所学校这么厉害,更没想到的是,在开始讲座之前,学校还安排我与入职未满3年的青年教师开个座谈会。

已经来了,就只有硬着头皮上。一座谈,我才发现有意思。青年教师提问,我回答。一会儿气氛就融洽了。我喜欢这种氛围,就和我们追求的课堂是一样的。

第一位提问的是位男教师,他说:王老师好,今年是我教书的第二年。我有一个很大的困惑。在教参与个人见解方面如何取舍?教参的很多观点我都不能认同。比如鲁迅《祥林嫂》的反封建。还有《拿来主义》,教参说其论证极其严谨,我恰恰认为这篇文章论证很不严谨。但不按教参来教,很可能期末考试学生会吃亏。我总是在两者间徘徊。造成的后果就是,一是只讲自己的理解,但不够坚定有底气;二是两种观点都讲,观点不统一,而且占用时间太多,任务完成不了。所以现在我非常困惑。

答:第一,我认为你是一位很有想法的老师。敢于怀疑教参,对鲁迅的文章也有不同的看法。这很不容易,现在青年教师最缺乏的就是想法。

第二,我觉得这个矛盾不难解决。教参教参,教学参考,本身说明它就只是一个辅助,真正重要的是老师素读,读出自己真实的东西,有自己第一手见解的课堂会更有生命力。

第三，我想要表达的是，好的课堂要善于制造矛盾。比如你刚才所说的《拿来主义》，矛盾已经出来了，你完全可以这样上：提出有人认为《拿来主义》论证最严谨，但也有人认为《拿来主义》论证极不严谨，然后带着全班同学就此做讨论。不管最终的课堂走向如何，学生对论证严谨的理解、对《拿来主义》的认识都会有质的提升，这就是好课。我还想表达的是，一定得是老师带着学生一起读，一起理解，一起经历。如果把自己所理解的照搬给学生，那可能比照搬教参还要糟糕。

这位男教师追问：王老师，如果没有照教参所说的上，期末考试考不好怎么办？

答：首先，不可能不好。按照教参认真上一篇课文，考试未必就很好。但如果教给学生研读的方法，即便没有上过课文，学生也未必考得不好。

某一年江苏一个重点中学的老师，二模猜到了高考作文题，老师认真评讲了，还印发了范文。结果那一年，这个班级反而遭遇滑铁卢。本来学生自然会认真审题，多方出击，百花齐放，但因为老师框定了方向，反而限制了学生的思维。

其次，就算真考得不好，也绝不能照搬。一旦照搬，就成了教师最大的失败。这个失败未来还很难弥补。只要你教会了学生阅读方法，学生自会读书。就算答案照搬教参，那也是相对符合大众的答案，相信学生凭着自己的阅读能力也一定能获得高分。

第二位提问的也是位男教师，他说：王老师好，我的问题是教学和科研如何不相冲突。我是硕士研究生毕业。我发现教书已经很累了，如果再从事教育科研，时间好像不够用。还有我发现我的科研文章写得越来越没有深度，这也让我很困惑。

答：这个问题也有代表性，很多人都把教学和科研分开来，其实这是一个误区。

老师为什么要做科研？老师做科研不是为了做学者，而是为了解决现实的教学问题。所以老师的教学和科研是同一个问题。科研选题从教学中来，以科研推动教学，以教学实践科研，两翼齐飞。

还有，我觉得你不要担心科研文章的深度下降，因为这不是硕士生的论文，这就是普通的教学反思、小课题研究。文章好不好，不在于文章有没有深度，而在于能不能直面教学问题，解决教学关切。如果能，那么文章越浅显越好。

第三位提问的是位女教师，她说：王老师好，我也直接说我的困惑。我是英语老师，刚开始教书时，我的课件做得很精细，我对学生很好。学生饿了，我给他们买吃的；学生考得好，我给他们奖励。平时我也对学生嘘寒问暖，学生和我关系好得不得了。我们就像朋友一样。但他们的期末考试考得不好。

所以，今年我变了，我开始变得严厉，该批评的批评，该骂的骂，该罚的不手软，该默写的也一个个排队来默。结果，学生的成绩是上去了，但我突然发现，我和学生的关系变了。

学生不再喜欢我，看见我了也就面无表情地说一声"老师好"。而我之前教的学生，虽然现在不教了，但他们还会来看我，和我说说笑笑。那么，我究竟应该为了所谓的成绩，压迫学生、逼迫学生、强制学生学习呢，还是回到过去的那一种友好状态？

答：你好像是在问我，但其实你的用词褒贬已经显示了你的态度，你对今天的这种状态很不满意。

成绩虽然提高了，但良好的师生关系没有了，你变成了一个压迫学生的老师，你很痛苦或者是很纠结。在学生时代，这种老师恰恰是自己最痛恨的。但现在你又慢慢变成了当初自己所讨厌的那种人。

我敢说，学生成绩虽然提高了，但这种提高是有限的，学生可能会优秀，但一定不会卓越。因为这是奴隶状态下的提高，金字塔不会是奴隶造成的，一定是自由民建造的，恐惧不会产生创造力。

更重要的是，你的归因可能是错误的。你以为是师生关系好导致成绩差。古语说"亲其师，信其道"，师生关系和谐就是第一生产力，怎么可能还会影响成绩呢？

我猜想，你第一年教书的时候可能还没有找到窍门。你的课件做得很精细，这恰恰是问题所在，很多课堂应有的鲜活的东西被精细化的课件束缚住了。这些都可能影响你的教育质量。

当然对学生好也不能没有原则，要宽而有度，严而不溺。你的职业生涯还很长，如果未来变成一个灭绝师太式的老师，这是一件多么可怕的事。如果变成一个师生关系极其和谐的老师，你会在教育成就感中获得职业的幸福感。

第四位提问的也是位女教师，她说：王老师好，我是语文老师，我的麻烦在学生阅读这块，有些人喜欢，有的人不喜欢。比如《红与黑》《平凡的世界》《红楼梦》等大部头小说，班主任老师一发现就会没收。还有，喜欢阅读的学生在考试中好像没有取得什么特别好的成绩，这也打击了学生阅读的积极性。这怎么办？

答：阅读很重要，但阅读怎么弄需要思考。比如这些年江苏的姜堰教育异军突起，很重要的原因就在于姜堰把阅读变成了全民阅读，而且已经体系化了。阅读不再是语文学科的事情，而是全体老师的事情。他们着眼于学生综合素养的提高，综合素养提高了，人的思想境界提高了，作文水平怎么可能会低？这才是姜堰高考奇迹的原因。

桐乡市高级中学作为一所顶尖名校，应该把阅读作为校长工程，不应该是语文老师的工程，这样更有利于阅读的推动。

当然推动阅读最重要的有三点。一是让阅读的孩子得高分，老师批阅作文要有意识地抬高阅读量大的孩子的作文分数，让阅读量大的孩子获得收益，也让轻视阅读的孩子眼馋。

二是老师要感染学生。比如老师要绘声绘色地描述《红与黑》中于连从山谷走过的那一段感受，年轻时这一段曾深深感染过我。"于连看见一只雄鹰从头顶上那些巨大的山岩中展翅高飞，在长空中悄然盘旋，不时画出一个个巨大的圆圈。于连目不转睛地凝视着这只猛禽，其动作的雄健与安详令他怦然心动。他羡慕这种力量，他羡慕这种孤独。"

还有傅雷在《约翰·克利斯朵夫》译者献词中的一段话，也让当年的我内心油然而生出一种英雄主义。"真正的光明绝不是永没有黑暗的时间，只是永不被黑暗所掩蔽罢了。真正的英雄绝不是永没有卑下的情操，只是永不被卑下的情操所屈服罢了。所以在你要战胜外来的敌人之前，先得战胜你内在的敌人；你不必害怕沉沦和堕落，只消你能不断地自拔与更新。"

那些曾经深深打动过你和影响过你人生的，老师拿出来激情渲染，大力推荐，一定能够激发学生的阅读热情。

三是老师要教给学生阅读的方法。没有阅读方法，读再多的书也只会变成书橱。读书和会读书是两个概念。

第五位提问的还是位女教师，她说：王老师好，我的问题是，我们班级有很多条件特别好的孩子，他们根本不想读书，因为将来他们的生活会很好，会进自己家的企业，衣食无忧。他们缺乏学习的动力。我和他们说，富不过三代。但怎么劝说都不行，这可怎么办呢？

答：谢谢，这是一个好问题。你有没有想过，如果是你，家庭条件好得不得了，无论未来怎样，你都能毫无顾虑地生活，你还愿意吃苦学习吗？

女教师：我愿意的。

答：哈哈，我告诉你，如果是我，我也不愿意读书。今天我们读的书，很多时候是敲门砖，但这些孩子不需要砖，门就已经敞开了，而且是金光大道，他们为什么还要吃这些苦呢？

另外你说的"富不过三代"，这句话也是骗人的。有很多富贵世家，都一代代地富贵下去了。那为什么还有这样的话呢？答案很简单。对于富人来说，这是忧患意识，是富人对孩子的提醒和告诫。对于穷人来说，这是诅咒，更是对他们的安慰和平衡。

我们常常说，逆境出人才。难道顺境就不出人才吗？只是逆境下的人很难支撑下去，非常难以出人才，他们更需要我们给予鼓励。所以，强调顺境出人才没有意义。

那么，对于这些学生应该怎么办呢？我的观点是，并不是每个老师都渴望做最优秀的老师的，为什么要求每一个学生都必须优秀呢？而且还必须符合我们眼里的优秀？

所以我强调，每个孩子都有选择不优秀的权利，但为了有事干，每个孩子必须有自己的爱好。然后我们用孩子的爱好带动孩子学习，让他为了自己的爱好而学习，为攀登更高的平台而努力，这样孩子更容易接受。

第六位提问的依然是位女教师，她说：王老师好，我是一个技术老师。技术只有在我们浙江省是高考科目，但很多学生很害怕编程。无论怎么说，他们就是有畏难情绪。我该怎么激励他们？

答：我有一个朋友叫张砷镓，是山西省运城国际学校的编程老师，少年大学生，编程和魔方都超级厉害，他用编程的方式探索魔方，连续多年获得全国魔方总冠军，打游戏在国际上排名也是靠前的，国内的扫雷网就是他创办的。

他的文章写得特别好。我发现他文章写得好的一个重要原因，就是他用编程思维来写作。

那么，解决办法来了。一是用任务驱动，让每个孩子都能编程，都能制作出自己的作品，让他们到处展览吹牛，使得孩子们有成就感。

二是告诉他们编程思维，让他们在写作上得心应手。二模前一天，我辅导了某校两名极为优秀的学生。我把编程思维引入，讲解了几篇文章，让她们学习，建议她们二模按照这个模式写作。结果考试成绩下来，一个作文 57 分，一个作文 63 分，在苏州都属于高分。如果未来熟练了，相信她们的作文会秒杀其他作文，这就是技术意外的奖赏。我相信，这样孩子学习编程的兴趣一定会大增。

钟校长：谢谢王老师，我想代表青年教师询问，青年教师如何快速成长，有没有什么路径？

答：钟校长，我是这样看的。青年教师首先应该努力做人，好人才有好课。

其次是用心上好课，要用录音笔把自己的课录下来，慢慢推敲自己的课堂。

最后是课程化。青年教师仅仅上好课还不行，还要具有课程意识。课程之外无好课。只有把好课课程化，育人的功能才能得到最大限度的发挥。比如常丽华的"在农历的天空下"、钱锋的"万物启蒙"课程等。

你上一百节好课，未必能成为名师，但如果你有一个好课程，很快你就能在全国声名鹊起，而且能大大提高学校的品质。如若不信，盍试为之？

和青年班主任的谈话

某年轻班主任上岗,积极性非常高,大有"重振班级,舍我其谁"的霸气,故而想要修改班规,把"有损班级精神,伤害班级感情"的言行,统统列入处罚范围。

班主任信心满满,他来请教我。事实上是想我夸他、支持他。我不做班主任很多年了,但既然有人来请教,我胡说几句也无妨。我说三个层面。

第一,出于好心,但未必会做好事。

我说,你把"有损班级精神,伤害班级感情"的言行纳入处罚范围,说明你对班级精神和班级感情非常重视,你想建设一个纯洁有朝气、有正气的班集体。你的愿望自然是好的,或者说你完全是出自善意的。但你有没有想过:"通往地狱之路,往往都是由善意铺成的。"

你可能不太赞成这句话,善意怎么会跟地狱扯上关系呢?其实这样的例子举不胜举。

比如相关部门出台"最低工资保护法",完全是出于善意吧,保护最底层的劳动者,比如马路上的清洁工,保障他们的合法权益。

大佬们的愿望很美好,清洁工每天起早贪黑,寒来暑往,工资还特别低,这太不人道、太不公平了!于是他们出台了一部关于最低工资标准的法规。企业只要雇用清洁工,工资就必须不低于多少钱。

这想法固然好,但结果却很糟糕。清洁工作大家都能做,学历低、年纪大或者行动不便的人跟其他人比起来没有任何优势,想要获得这份工作,只能靠工资比别人低,工资低是他们竞争的唯一优势。现在工资确实加了，但拿这些工资的却不是他们。原本这些老弱病残的清洁工，还可以有份养活自己的工作，现在大佬们破坏了他们唯一的优势，使得他们失去了工作，没有了饭碗。本来想要帮他们，最终却害了他们。

好心办坏事屡屡发生，所以千万不要以为，美好的愿望一定会有美好的结果。

第二，无法预期的规定，不是好规定。

制订规定最重要的原则是清晰的预期。预期的"期"，必须具有确定性，即学生依规而行时，其行为后果，应该是确定无疑的。所谓种瓜得瓜，种豆得豆，就是预期的确定性。如果种瓜没有得瓜，反而得豆。这就是预期没有确定性，如此，所有人都将无所适从。

现在你把是否"有损班级精神，伤害班级感情"作为违反班规的依据，但什么才是"有损班级精神，伤害班级感情"的行为呢？具体标准是什么？谁是标准的制定者和裁决者？

表扬隔壁班级风清气正，有没有伤害到班级感情？批评自己班级歪风邪气，是不是有损班级精神？

每个人对此的判断都是完全主观的，公说公有理，婆说婆有理。这种完全基于主观判断、千人千面的标准，怎么可能形成稳定预期呢？

学生以为是维护班级感情的行为，结果却伤害了班级感情，并受到严惩，就会导致学生成为惊弓之鸟，最后只能选择漠不关心，明哲保身，因为这才是最安全的做法。这个规定会把单纯的孩子逼成世故老人。莫谈班事，莫论是非，只做精致的利己主义者。

第三，选择性执法，导致人际关系紧张。

道德不需要清晰的标准，但班规需要具体的界定。怎样才算伤害班级精神和感情，班规条款并未给出明确答案，留下了巨大的发挥空间。

概念模糊、边界不清、外延不明的规定，至少有三大危害。

一是对塑造学生的价值观，对班级团队文化建设作用不大，也无助于班级精神和感情的维护。没有一种精神和感情，能在失去安全感的情况下建立。古往今来，概莫能外，班级建设也是如此。

二是消耗大量的班级资源，得了芝麻，丢了西瓜。学生是来学习的，浪费大量时间在区分这些不确定孰是孰非的标准上，得不偿失。

如果真正把班级建设好了，班级是校园、家园和乐园，成了精神的故乡、思想的港湾和灵魂的高地。任何人损坏班级精神和班级感情，所有人都会拼命维护。清风自来，鲜花自开。

三是将含糊的概念列入规定，却没有解释和约束机制，等于把裁决权拱手交给了执法者，有可能助长他们凭借个人喜好和班主任意志选择性执法。欲加之罪，何患无辞？拉帮结派，打击报复，人人自危……

校园是流淌着奶和蜜的地方，班级是最后的避难所，班主任既可以让其成为天堂，也可以使其成为地狱，岂可不慎？

班主任满头大汗，问我究竟应该怎么做。我说，咱们做班主任，千万不可有睥睨天下的雄心，千万不要觊觎轰轰烈烈的声势煊赫，班主任最重要的就是——不折腾，平平常常，平平淡淡，不能用规定来保证班级精神和感情，那样的精神是伪精神，那样的感情是假感情。

要建设一个润泽的班集体，就需要每个人都能互相信任，互相鼓舞。相信坚持的力量，给孩子们一样的阳光和雨水，不要求他们长一样高，结一样的果。让乔木成为栋梁，撑起长天；让玫瑰成为玫瑰，洋溢芬芳；让小草成为小草，绿满天涯。

每个人如其所是，就是最好的班级，这样的班级自然有感情，有精神，不致沦为班主任老大哥一个人的狂欢。

老师都是"大骗子"

老师千万不能刻板。我们所教的学生不刻板，我们所教的知识也不刻板，老师怎么能刻板呢？

老师千万不能停滞。知识更新太快，学生发展太快，一篙松劲退千寻。时代发展太快了，作为老师，必须与时俱进。一天不学自己知道，两天不学朋友知道，三天不学地球人都知道。你的对手在看书，你的仇人在磨刀，你的闺蜜在减肥，隔壁老王在练腰，不奋斗只能等死。

老师千万不能守旧。人一守旧就真的旧了。旧了就会朽，朽了就会烂。然而世界是新的，学生是新的。新与旧会形成矛盾，造成冲突。

好老师都是"大骗子"，或者是红娘，把学生嫁给知识的大海，让学生成为真理的新娘。这是老师的责任，也是老师的使命。

为此，老师应该满嘴抹蜜，能拐就拐，能诓就诓。回顾学生时代老师最爱说的七大金句，我简直笑成狗。

第一句，我再讲2分钟。

这里的2分钟，神州大地的钟表根本无法计算。可以是5分钟，可以是30分钟，也可以是1小时，甚至是数学中的无穷大。所以，一听老师说再讲2分钟，很多同学都虎躯一震，感叹又要受累了。

第二句，不要以为我看不见。

当老师说，不要以为我看不见。那还是把心放到肚子里去吧，老师肯定什么也没看见。因为学生没有任何动作，老师这句话所为何来？这明显是诈唬，或者说敲山震虎。

第三句，全班60个人，你迟到1分钟，就是耽误大家60分钟。

谁也想不到迟到1分钟，就耽误了大家60分钟。60分钟一节半课。鲁迅先生说，浪费别人的时间就等于谋财害命，那么，浪费大家60分钟，等于谋了多少财，害了多少条命？

这个老师的数学肯定是语文老师教的。耽误1分钟就是1分钟，怎么能把60个人的1分钟加在一起呢？

第四句，不想听的可以睡觉。

我敢打赌，当老师说出这句话时，其内心早已崩溃，怒发快要冲冠了。稍有一点火星，就会瞬间炸裂。如果谁没听出弦外之音，不振奋精神，不斗志昂扬，反而真准备睡觉，那一定会死得很难看。

很多老师都是正话反说，反话正说，嬉笑怒骂。一旦学生错误理解，一定悔之莫及。

第五句，你们这一届是我教的最差的一届。

老师总喜欢危言耸听，其目的是激发学生斗志，知耻后勇，哀兵必胜。准确地说，这句话老师对每一届都会说的。当学生悲观失望，不得不打起精神，奋力拼搏时，老师正在偷笑。

孔庆东在《遥远的高三·八》中写到自己的数学老师老滕。老滕最大的爱好就是吓唬学生，除了三中，老滕也兼一中和十三中的课，他经常痛心疾首地告诉三中学生，你们数学不行了，已经被一中超过了，把学生们弄得草木皆兵，哀鸿遍野。

但到外面一打听，老滕又在一中吹嘘：就你们这个样儿，三中闭着眼也能刷得你们一根毛不剩！这就是老师，心里暗暗高兴，但永远不喜欢表扬。生怕一表扬，锅盖打开，煮熟的鸭子就飞走了。

第六句，上大学你们就自由了。

相信在高三的时候，这句话同学们没少听过，老师们也没少说过。相当于给学生吃了一颗定心丸，或者是让学生望梅止渴。没有这些乌托邦，没有这些世外桃源，学生如何能够扛过黑暗高三的漫长岁月？

这就如同知道残酷的考试之后，总有一个长长的假期，就会给人一丝安慰。很多人觉得高中毕业也是如此，上了大学就等于跳出火坑了。

《这个杀手不太冷》中，小姑娘问杀手："人生总是这么痛苦吗？还是只有小时候是这样？"杀手莱昂回答："从来如此！"

子贡曾经告诉孔子，愿有所息。孔子的答案毫不含糊，生无所息。从来如此，生无所息，这就是人生。

第七句，是你说还是我说，要说上讲台说。

这句话一般出现在学生交头接耳时，此话一出，瞬间秒杀一切说话者，是保持课堂安静的必杀技。

之所以战力值如此之高，是因为这句话有很多潜台词。第一就是课堂上是你说还是我说，貌似选择，实则谴责。课堂上老师在讲课，当然是老师说。学生在听课，怎么可能是学生说？

但如果学生生冷不忌，就是觉得学生也可以说，课堂必须还给学生，那么，好了，请上讲台好好说。任何一个学生在冲突之下，对让自己到讲台上去说，都是有畏惧之心的。所以此话一出，横扫千军如卷席，万马齐喑究可哀……

我曾经是学生，听很多老师说过这些话。我也是老师，或多或少也说过类似的话，我们都活成了当初自己讨厌的模样。

可是，为什么很多人听到这些话，会快活无比，又忍不住狂笑呢？

优秀教师都是"大猴子"

我们常常在问:学校应该是个什么样子?学生应该是个什么样子?学习应该是个什么样子?每个人都能给出自己的回答,但迄今没有谁的回答能够超出林语堂。

他说:学校应该像什么呢?学校应该像一片坚果丰富的大森林。学生应该像什么呢?学生应该像一只只猴子。学习应该像什么呢?所谓的学习,无非就是猴子自由自在地采摘坚果。猴子可以到它想爬的树上去选取和摘食任何果子,然后荡个秋千,跳到别的枝头去。猴子的本性会告诉它,哪一颗坚果美味可口。

这个比喻的妙处有三。

第一,揭示了理想学校的本质。

如果学校是一片坚果丰富的大森林,那么,这样的学校一定是一个让人迷恋的地方。

首先,大森林中树林荫翳,鸣声上下,外在环境宜人,是学习的好地方;

其次,大森林中,坚果丰富,可供认识的物产丰饶,猴子不仅能采摘坚果,还能学习其他,这一点对猴子多向度的成长非常重要;

再次,大森林中的奥秘总是无穷无尽的,可供探求的东西也总是层出不穷,大森林能够让猴子始终保持好奇心,有了好奇心就有了一切;

最后,大森林是生态的、绿色的、和谐的,在这种环境中学习和生活的猴子,本身就会潜移默化地受到影响,这也是教育,而且是最好的教育。

第二，刻画了美丽学生的镜像。

好学生应该像猴子。猴子有什么特点呢？

生命在于运动。猴子比较活泼，经常是奔跑的、活动的、灵巧的。运动之余，劳逸结合，猴子偶尔也会皱着眉头思考人生。

猴子是聪明的，这种聪明是真正的智慧，而不是如狐狸般的狡猾。一旦解决不了问题，猴子就会抓耳挠腮、冥思苦想，但绝不会半途而废。

猴子的动手能力总是最强的，它们总是严格要求自己，滴自己的汗，吃自己的饭，自己的事情自己干。为了追求美好的月亮，猴子手牵着手，尾巴钩着尾巴，合作无间，创造性地水中捞月，这与李白的浪漫主义一脉相承。

猴子还是动情的，它们既有"猿猱欲度愁攀援"路漫漫其修远兮的喟叹，也有面对凄清风景"两岸猿声啼不住"的伤心不已。而我们今天的学生，在应试的折磨下，很多人的情感已经枯竭。

猴子的担当，最让人感动。我对"山中无老虎，猴子称大王"有一个新解。想想看，山中不过是没有了老虎，但还有很多凶猛的动物。可因为没了老虎，大家都失去了主心骨，全变成了懦夫。这时候，猴子却挺身而出，用柔弱的双肩担当起大王的重任，这种以山中为己任的精神，是一种什么精神？这是一种"山中兴亡，我的责任"的担当精神。

猴子还有"咬定青山不放松"的品质。先扎根于大森林中，采摘坚果，后来森林被砍伐，被焚毁，森林的面积不断减少，猴子却一直在坚守，直到最后一棵树倒下，猴子才落寞散去。这比无数饱学之人的人走茶凉、朝三暮四，不知道要强出多少倍。

第三，描摹了高效课堂的特征。

学习的本质就是猴子采摘坚果。

在大森林中，这样的课堂是大课堂，氛围是丰富的、多层次的、赏心悦目。大森林的坚果又是难以穷尽的，不会出现"好猴子吃不饱，孬猴子吃不好"的现象。

采摘的内容——坚果，坚果是有营养的，有价值的，富含维生素的，吃了能够长身体，补脑子。这就有效解决了一个重大问题——学习的东西，必须是有用的。这种有用，不是功利性的有用无用，而是对我们的生命有没有价值和意义。

采摘的方式，注重了猴子的自我选择性，猴子可以选择自己个性化的采摘方式，从一棵树上跳到另一棵树上。没有谁人为地规定猴子，用什么样的标准、什么样的手法采摘，也没有人对猴子进行奖惩，设立什么最佳采摘奖、最美采摘手法奖等。这就有效地保护了猴子采摘坚果的内驱力。

保护猴子的自主采摘权，就是保护了猴子采摘的积极性。

说到这里，我突然想起一个问题。学校是大森林，学生是猴子，学习是采坚果。那么，老师呢？老师是什么？

对这个问题的回答，非常重要。

老师不能做猴子饲养员。

如果是，则一定圈养了猴子，限制了猴子，吃力不讨好，饲养员累，猴子也累。可惜，现实生活中，很多老师就充当了这样的角色。

打开笼门，让鸟飞走，还鸟自由。

只有鸟自由了，笼子才能获得自由。

老师也不能做森林看护夫。

知识守卫者是最大的无用者，知识不是稀缺的东西，任何人都能随时采摘，免费获取。森林守卫者，根本无须老师充当。

老师更不能做一个耍猴者。

让猴子向东，猴子不敢向西，在耍猴者的指令下，猴子打躬作揖，丢弃了整片森林，讨取大人口中的一点食物。何其可怜也。如果老师把自己当成一个耍猴者，那他也必将被小猴子们所耍。

那么，老师应该做什么？

我觉得老师应该做一只大猴子，带着一大群小猴子，在森林中，无拘无束，无法无天，做一个森林里的守望者。与小猴子一道经历，经历最初采摘到坚果的欢喜和战栗，经历第一次品尝到坚果美味的幸福和自豪。这是大猴子生命的又一次长大，心灵的第二次发育。这是最美的教学相长。

当然，在这个过程中，大猴子可能还会给小猴子引路，提供一些攀爬的经验，示范一些跳跃的技术，鉴别一些坚果的好坏……所有这一切都在静悄悄中发生。

也就是说，大猴子首先要充当小猴子的铺路人，其次是引路人，再次是一道采摘的同路人，直到最后，一定要做小猴子的陌路人，把整个森林乃至整个世界让给小猴子，让他们完全自主地选择大树和采摘对象。

世界毕竟是小猴子的，成长的过程任何人都没有办法替代。

为了这一份沉甸甸的成长，我们不妨做一只大猴子，用期待的眼神，目送小猴子，并且，不用追上去。

但无论如何也要记住，当小猴子给我们打伞时，我们要拒绝。

最好的老师不教书

读《没有围墙的教室》,很多次我都停下来,慢慢咀嚼、反思。在 K 老师面前,我很羞愧,像一只鸟羞愧于飞行。

羞愧的原因是,我们的教室是有"围墙"的,尽管我们不喜欢这样的教育生态,但慢慢地,我们会服从它,遵循它,然后离不开它,以致最后我们成了"围墙"的一部分,变得平庸无奇。

K 老师则不然。

因为可以涂着红色的指甲油,当然更重要的是因为深爱着孩子,她选择了做一个老师。还因为深爱孩子,她没有听从老教师"一个月不露笑容就能掌控孩子"的忠告,而是把内心的爱和包容通过笑容表达出来。在她眼里,教师要保持微笑,然后才是教书。

如果教室里寂静无声,只能是两种情况。要不就是教室里空无一人,要不就是学生们都"死"了。教室里为什么会万马齐喑?学生们究竟是怎么"死"的?刽子手是谁?

教师既可以是教人者,也可以是杀人者。可惜很多时候,我们对此熟视无睹,居然一个个昂起头来,不知道自己脸上有血污。

因为微笑,因为尊重和信任,K 老师得以走进学生心灵。鲜花铺满的小径之后,就是孩子们的秘密花园。唯其和孩子拥有相同的语言密码,才能成为与孩子尺码相同的人,才能成为孩子的铺路人、引路人和同路人,才能众人划桨开大船,创造出值得彼此崇拜之活人。

教学并不是一件简单、单纯的事。她告诉我们,"把孩子当作学习对象""从孩子身上学习",孩子就会焕发出创造的活力,也会自然而然地从老师身上、从同学身上、从课本上、从世界上吸纳雨露和阳光;而把孩子当作灌输的容器,孩子就不再是一个活泼泼的人,而只是一个口袋、一个筐子、一个器皿,一个沉寂如死的物件。

叶圣陶先生也说,学生是种子,不是瓶子。教育是农业,不是工业。坏教师各有各的不同,好教师却是相似的。但我们真的有勇气说自己和K老师相似吗?

30年不仅仅是一个时间的长度单位,更是一个用爱心和智慧累积的厚度单位啊。

30年里,她始终像一匹马,热情、奔放、充满活力。在她的眼里,孩子就像是草叶上的小露珠,必须给予最大的信任、呵护、理解和爱,在最充分的安全和自由中,孩子的心灵才会真正打开。

在她的眼里,知识一点也不重要,让孩子循着自己的方向,找到最适合自己的路径才最重要。乔伊是在停车场学会认字的,这与在课堂上学会认字,结果没有任何不同,但意义却有天壤之别。后者的学习是一种有意义的学习。没有意义的学习,教学不会真正发生;没有意义的课堂,是不道德的课堂。

有了信任和爱,有了这种意义的自觉,她的教学,就不是一堵堵墙,而是一扇扇窗。她用美好的俳句、温暖的阅读,引导学生沿着灵魂的无数条路行走。她拆除了师生沟通的围墙、心灵隔膜的围墙,也拆除了孩子对知识恐惧的壁障。每一个孩子都在心灵的舒展中慢慢发现,自己的身体里住着一个诗人。

瑞德就是这样,他是在棒球场奔跑的浓雾中触摸到了诗,他说:"我没办法摸到它。我越是跑,它越是消失不见。"他一脸迷茫,写满了忧伤。K老师说:"我被他的话深深吸引了,以至于一个字都吐不出来。我用手搂着瑞德,我们慢慢地走回教室。"

剧烈的幸福感突然到来，在诗意的复活中，浓雾里的师生茫然失措，互相搀扶，甚至于静静流泪，如同悲伤。这是真正的高峰体验，也是我看过的最美的、最深刻的教学相长。

"诗人之所以是诗人，并非因为他写的诗，而是因为内心的一些东西，以及把他的内在自我和身边的世界连接在一起的体系。"

好教师也如是。她之所以是好教师，也不只是因为她所教的东西，还在于她把她内在的自我、孩子们和世界互相编织成一个体系。这个体系，K老师称之为"我们"。世界从"我与它"变成了"我与你"，然后世界就是"我们"了。

灵魂就缠在自己指尖，让生命完成最隐秘的辉煌……

最好的教师不教书，他们只教孩子——把全部的心灵都敞开，用露珠一样的眼睛和爱，朝向伟大真理。

最重要的是教育常识

很多时候，我们把常识挂在嘴上，常识在我们的嘴里搬过来搬过去，似乎那是不言而喻的东西。但对那些众人皆知的常识，我们究竟理解到什么程度呢？

正因为它们是常识，我们不去思考，不去辨析，反而最容易流于浅薄。面对一个个教育新思潮的风起云涌，我们与其随波逐流，不如回归本源，对教育常识进行深刻反思。

当我们静下心来认真思考教学中的"举一反三"与"举三反一"，思考"理解"与"尊重"，思考"学问"与"学答"，思考"学会"与"会学"，会有一些新的理解与收获。

一、"举一反三"与"举三反一"

很多时候，我们把教学仅仅理解成"教"与"学"，更严重的是，又把"教"与"学"，简化为"老师的教"和"学生的学"。老师就像中介、掮客、排球场中的二传手、生意场上的二道贩子。

知识就像是一件商品，老师把它从教科书上贩过来，如获至宝地藏着掖着；而所谓的教学，就是老师神神秘秘地把这个贩来的东西再转交给学生。

教学就是知识被老师这么一传，学生这么一收，然后万事大吉。

这都是对"教学"的严重误解！

这样，就算老师把书本知识都教给学生了，学生充其量也只是"学会",而不是"会学"。"学会"仅仅是"会一",而真正的"会学",不仅要"举一反三",还要"举三反一"。

孔子云:"举一隅而不以三隅反,则不复也。"教师"举一"于前,学生"反三"于后,教学相长,相得益彰,一课一得,如此下去,才能完成知识疆界的拓展和生命意义的延伸。

然而,光会"举一反三"还远远不够。因为世界丰富多彩,"一"必然是有限的,"一"有限,"三"就有限,因此,就算学生能够"举一反三",最终还是会捉襟见肘。

教学,还需要"举三反一"。

积累在先,数量在先,就会由量变而至质变。大量积淀于前,才会有精华提纯于后。无"举三",则无"反一"。无"举三"的慢慢累积,就没有"反一"的"一"鸣惊人、"一"飞冲天、"一"劳永逸。

"所有的故事都曾经发生过,所有的故事都是同一个故事,所有的故事都是我的故事。"这句话绝对是至理名言。

生物学上有一种"全息理论",比如一条蚯蚓被切成若干段,每段都可再长成一条完整的蚯蚓,因为一段不完整的蚯蚓中包含有一条完整蚯蚓的全部信息。从大量的生物界现象来看,生物体的每个局部确实含有整个生物体的所有信息,每个局部都好像是整个生物体的缩影。

全息理论告诉我们"一"的重要性,唯有把握住了本源的"一",我们才能提纲挈领,纲举目张。在一滴水里看见太阳,在一朵花里看到天堂。如中国道家所言,"一生二,二生三,三生万物"。世界存在"一"之中,把有限握在手中,就能把永恒握在手中。

"先生的责任不在教,而在教学生学",这便是陶行知所说的"教学合一"。把教和学联系起来,一方面要教师负指导的责任,一方面要学生负学习的责任。这就意味着教师这个职业,主要是让学生"会学",其出发点和归宿都是"学生的自主学习和健康成长"。

当前我们看待教学，误区很多。这个误区在称谓上也可以看得出。老歌中这样唱："小么小儿郎，背着那书包上学堂。"但现在不叫"学堂"了，而叫"教室"。

一字之差，天壤之别。"学堂"是以"学"为主，"教室"是以"教"为主。这是典型的喧宾夺主，南辕北辙。

我认为，"教师是主导，学生是主体"这句话说得很好，但在真正的教学过程中，老师要引导学生自学。教师的主导地位要不断地弱化，以至于无。

而学生的主体地位要不断加强，并最终能够独立学习，从而实现"教是为了不教"的目标。

这种教学，势必能为个体的终身学习提供保证，也为一个学习型社会的到来提供智力支撑。

二、"理解"与"尊重"

如果，我所期盼的东西并不是你喜欢的，请不要试图告诉我，这个选择是错误的。

如果，我的信仰与你不同，至少请你稍后再去纠正它们。

如果，在同样的环境里，我的情感不如你或者比你更强烈，请别让我违心地去感受。

不管我是否在按照你的意图做事，请不要干涉我。

我并没有要求你理解我，至少是现在。只有当你不再一心一意地要把我复制成另外一个你的时候，我才会对你说："请理解我！"

如果你能够宽容我的某些要求、感情、信仰或者行为，也许日后你会看到，它们对我来说并没有错，甚或是对的。容忍我，是理解我的第一步。

我并不是要你接受我的方式，但是当你面对似乎是很固执的我时，请不要再表示恼怒或者失望。也许有一天，你在试图理解我的过程中，会感到我违反常规的做法和想法是有一定意义的，那么，你不仅再也不会想方设法地去改变我，而且还会保护甚至珍视那些独特的个性表现。

我可能是你的爱人、父母、儿女或者同事，但不管我们是何种关系，我深信：你我是完全不同的个体，我们都必须走自己的人生之路。

这是我很喜欢的一段文字，每当阅读它们，我的内心就有一种育人的庄严感。但是说到"理解"，这又是多么奢侈的一个字眼啊。

为什么理解那么困难？

因为要理解，必须沟通；而要沟通，又必须借助信息传播，但信息传播又极为复杂。

杜威说："当你试着把某种经验，特别是较为复杂的经验，完整而准确地传达给别人，你将会发现自己对待经验的态度在发生变化。"

想想看，信息传播者的态度都发生变化了，更不用说信息的接收者了。

另外，儿童受身心发展的影响，其经验带有直观、形象、具体、狭窄、无序等特点，而成人所要传递的成熟信息又常常具有抽象、概括、刻板的特点。这两者相抵触，直接造成了信息交流的严重障碍。

正因为理解的艰难，所以生活中，我们常常呼喊理解万岁。但谁又能准确地把握理解的真正含义呢？我们常常以为理解是相互的、彼此的、对等的，这才符合公平的原则。

但在真正的师生关系中，却并非如此。

我以为，在师生关系中，所谓的"理解"，主要是针对老师。目前师生很少对话、沟通、交流，主要责任也在于老师。

这不仅因为老师是教育者，应该率先承担教育失效的责任，还因为老师都是从孩子过来的，都曾经做过学生，因而能够设身处地，换位思考。但孩子从未当过成年人，所以不大容易理解成人、理解老师的想法。

成人经验和儿童经验之间存在隔膜，以致同一事件对于成年人与未成年人的意义截然不同。

"孩子给你一块糖吃，则有汽车大款捐助一百万的慷慨；他受了你盛怒下的鞭打，连在梦里也会有被法西斯追打的恐怖；他写字没有得到双圈，仿佛是候选总统落选一样的失意。"

这是对儿童意义世界的最好描述。不理解这一点，不尊重这一点，就无法兑现对孩子真正的理解。

因此，作为老师，要学会设身处地，把自己还原到当初的青葱岁月，用伟大的同理心，尊重儿童，尊重他们的人格，尊重他们的个性。

就算儿童的选择不见得完善，不见得高明，甚至也不见得恰当，但只要无伤大雅，我们就该因势利导，绝不要试图代替孩子做出选择，也不要试图改变孩子的自我选择。

要知道成长的过程，终究是我们无法取代的。给孩子一点民主，让孩子独立给自己的人生赋予意义。如此，我们不仅能走进儿童的生活，更能走进儿童的心灵。我以为，这才是真正的理解。

三、"学问"与"学答"

诺贝尔奖获得者李政道博士，曾经很困惑地提出一个问题："我们中国的传统是做'学问'，为什么你们老是在做'学答'？"我以为这句话一语中的，这就是钱学森所说的，"为什么我们的学校总是培养不出杰出的科技创新人才"的真正原因。

学问学问，顾名思义，就是学习、研究、质疑、发问。"疑是思之始，学之端。""尽信书，则不如无书。"真正的学习都是从发问开始的，没有自己的问题，就没有自己的创造。

罗素曾经问穆尔，谁是你最优秀的学生。穆尔回答说，是维特根斯坦。因为只有维特根斯坦在听课时，有迷茫的神色，而且有问不完的问题。后来，又有人问维特根斯坦，罗素为什么退步了。维特根斯坦回答说，因为罗素没有问题了。

当前教育最大的问题，就是学生没有问题。要知道提问是智慧的表现，问题是前进的号角，有问题的学生一定是有收获的学生。

然而，我们现在的教育，上课就是回答老师提出的问题，考试就是回答命题者的问题，我们不是在做"学问"，而是在做"学答"。

老师教书就是"教答题"，学生上学就是"学答题"，于是，学生的答题能力上去了，应试技巧上去了，但问题意识没有了，创造性也就没有了。问题是思维的发动机，问题停止了，就是思维停止了，思维停止了，创造力就死去了。

正如莫兰所说："认识永远是一种探险。"对学生来说，认识往往发生在课堂上。

课堂的中心，应该是一个问题的提出、理解及解决的过程，是一个知识——作为问题解决的工具被探索、被发现的过程。

这一过程要能重现这一切：人类面对宇宙及生命现象的战栗和感动，对未知世界漫长的探索，知识艰难的形成过程，以及其间的种种困惑、尝试、失败和豁然后的狂喜。

教学不是复述前人定下的知识，而是重现这个知识发现的过程，是让学生重新经历。经历原初的困惑与探索、悸动和喜悦。

布鲁纳曾经说过，在这一点上，儿童学习这一知识的历程可以与当初科学家发现这一知识的历程相媲美。

四、"学会"与"会学"

我们常常把"学会"不如"会学"挂在嘴边，但什么是真正的"会学"，又常常语焉不详。

所谓"会学"，不在于已有，而在于应有；不在于已在，而在于潜在。当前的问题是，人们依然迷信知识，迷信知识的获得，而忽视了对认识的再认识。

由于分科教学的特点，知识教育必然是箱格化的，我们把世界肢解分离开了，变成一个一个的碎片，然后却试图获得一个综合的、系统的、整体的理解，这不是很荒唐吗？

结构主义有一句经典的语录："世界不是由物组成的，而是由物与物之间的关系组成的。"

任何事物都既是原因又是结果。所有事物，不管是最遥远的还是最不相同的，都被一种自然的和难以察觉的联系维系着。认识整体和认识局部必须全面互动，齐头并进。否则，整体和局部都不能被充分认识。

这就是当前"会学"的困境所在。

鉴于此，我们必须教授学生理解的能力、分析的能力、提出问题和处理问题的能力。

必须培养学生抓住总体和基本问题，并在这个框架内整合局部问题的能力。

必须教授学生在一个复杂的世界中掌握部分和整体之间的相互关联和相互影响的能力。

必须教授学生把任何信息放入它的背景或总体中来认识，关注系统的组成要素到关注要素之间的关系的能力。

必须培养学生连接知识和赋予它们意义的组织能力,还要培养学生应付抽象和具体、一般和特殊关系的能力。

具有了这些学习能力,我们就获得了学习力,我们就能面对一个日益发展的世界和终身学习的自己,"不管风吹浪打,胜似闲庭信步"。

教师如何避免被投诉

教育是有风险的，尤其在青年教师刚走上讲坛的时候，如果遭遇不顺，很容易形成破窗效应，为自己的职业生涯带来不利影响。所以职业之初这几步非常重要。

我收到过一位青年教师的来信。我觉得他所说的问题很有针对性，在回答他问题的同时，一并与青年教师做一个交流。

他是这样说的：

> 我是某师大硕士毕业后进入某校工作的，一直承担高中两个班英语教学和选修课教学的工作，周课时一直是20节课。
>
> 上周二我突然被学校约谈，说我被学生实名举报到市教育局，原因有以下几点：
>
> 第一，我不允许学生在午休时间找我背书，原因是我有午睡的习惯。学生觉得其他老师中午允许背书而我不允许，不公平。
>
> 第二，因为第一点，学生表示他不能在规定时间内完成背书。
>
> 第三，学生认为我变相惩罚他。因为我平时要求学生的作文"三分写七分改"，他们拿到我批改的作文后，要再读再改或和我课下交流，否则后续的作文我就不给他们改了。
>
> 第四，学生认为我故意针对他。原因是我们的英语课前安排了学生演讲，演讲有两个基本要求，一是做一个简单的PPT来讲，二是脱稿演讲。轮到这个学生时，他不仅没按照这两个

要求来讲，反而从网上下载了一篇文章来读，我发现后，让他一周后按要求再演讲一次。

对此，我的观点是，我们要建立一个概念，当老师与学生发生矛盾时，指责学生是毫无意义的，我们更应该反思自己。这是解决一切师生矛盾的逻辑起点。

比如这个老师所说的，从教以来每周课时数不少于20课时。潜台词是，我那么累，已经很不容易了，还要被举报。

应该说，课确实很多，但这是学校问题，与学生无关。学生只在乎老师对他做了什么，既不知道，也不在乎老师还做过什么。

下面我们看老师所说的第一条。老师说自己有午休习惯，所以不希望学生来背书和打扰。从老师角度来看，中午是休息时间，自己又有午休习惯，拒绝学生背书无可厚非。

但学生会怎么看待这个问题呢？学生除了午休时间，基本上没有其他空闲时间。如果老师让学生背书和问问题，学生只能利用这个时间。这时候老师如果站在自己的立场上来拒绝，而且一再强调，学生就会感到不快。学生会认为，老师既让问问题和背书，又不给机会，何其可恶！特别是看到别的老师中午辅导时，学生更感到无名的失落，觉得老师不负责任。

在这种心态之下，学生一旦不能完成必要的任务，就不会在自己身上找原因，而会把责任推到老师头上，这就是学生举报的第二条。这很不公平，但符合学生的逻辑。

第三条，"我平时要求学生的作文'三分写七分改'"，应该说这种做法非常好，确实有利于学生英语作文水平的提高。我也持相同的看法，并且也喜欢这样做。但我不是要求，是提倡。

如果他们愿意这样，我愿意为他们再改，改一百次。如果他们不愿意，我也不在意。学生有选择"佛系"的权利。而且，我绝不威吓学生

"从此我不会给他们改"。改作业是老师的一种责任，而不应作为奖励。这种负气的话千万不能说。

第四条，学生不仅没达到英语课前演讲的两个基本要求，反而从网上下载了一篇文章来读。他不遵守规则。

我也有课前演讲，也提倡做PPT，其目的有二：一是提醒演讲者，有助于脱稿；二是展示给听讲者看，让听众有头绪。若演讲者无须PPT提醒，且演讲效果也不赖，则有无PPT关系并不大。老师一定要宽容。

学生不遵守老师的规则有三种情况，一定要搞清楚。一是学生比较笨，老师要求过高，无法达到。二是学生太聪明，觉得老师的要求低幼化，浪费时间。三是学生不喜欢老师，直接对着干。不同的情况，可以有不同的处理方式。

要搞清楚学生为何没做PPT，并告诉他做PPT有助于他脱稿演讲，让他下次选择——既可以脱稿演讲，也可以做PPT辅助自己。我相信就不会产生矛盾了。

我告诉他，青年教师容易陷入这些误区，老教师也会遇到，这不是什么大事。但会影响情绪，损害师生感情，对教育效果造成不利影响。

其实，我们每个人都可以做深受学生欢迎的好老师。问题是老师一般都色厉内荏，根本不敢直面自己的问题。老师总希望用师道尊严来慑服学生，对学生的批评和建议充耳不闻，不管不顾，渐渐地导致学生和老师离心离德，一发不可收拾。

那么，究竟应该怎么办呢？

哲学家哈贝马斯批判理论提出，社会进步的批判方法由两种反思扭合而成：一是先验反思，考察知识得以成立的主观条件；二是批判自我反思，目的在于打破意识形态控制，实现人类自我的真正解放。

也就是说，理论上先验好的社会是怎么样的，有何问题和不足？现实又出现了哪些问题？在这些问题中，个体应该承担什么样的责任？唯有打破自己的意识形态，才能实现社会发展，人类的真正解放。

如果把这种哲学批判思想迁移到个人的发展过程中，任何人都需要先验反思和自我批判。老师作为教育者，更应该如此。

那么，我们青年教师究竟应该怎么做呢？

方法很简单，首先要打碎师道尊严，认识到学习是师生围绕着一个伟大真理共同探索的过程，闻道有先后，术业有专攻，互相接纳，互相进步。

其次是放下身段，了解学生真实想法，直面自己的缺点。从哲学上引入概念就是诊断和治疗。先诊断自己的病因，再对症下药。

我的做法是，每隔一段时间，对学生进行调研。调研内容分两项：

第一项，你比较喜欢老师哪些方面？说出来，鼓励一下老师。

第二项，哪些方面你暂时还不太适应？提出来，帮助老师进步，我们教学相长。

第一项好理解，第二项为何改不喜欢的方面为不太适应的地方，目的是减少刺激性，这样比较好。

等数据拿到之后，进行分析归类。学生普遍赞扬的优点，老师当然要继续保持和深化。如果出现大批量学生感觉不太适应的地方，老师应该马上就改，让学生提的建议即刻生效。

歌德在《浮士德》中说，今天做不好的，明天也不会做好。一天也不能虚度，要下决心把可能的事情一把抓住并紧紧抱住，有决心就不会任其逃去，而且必然要贯彻实行。

两项都填写感觉不太适应，这表明学生有情绪了。老师一定要放低身段，虚心听取学生意见。少部分不适应的，属于学生个人原因的，老师也要找时间和学生聊聊，老师能够调整的还是要调整，对于不能调整的，也要争取获得学生的谅解。

在我看来，老师只要不端着，主动听取学生建议，就没有解决不了的问题。

这个世界上就没有难做的老师，每个老师都能做最好的老师。期待每个青年教师都能迅猛成长，越飞越高！

教师如何从优秀走向卓越

一代京剧大师梅兰芳的一生，绝对是传奇一生。把这样的人生作为标本，剖析探讨大师是怎样练就的，显然有助于我们提纯自己的庸常人生，使我们在走向优秀教师之路上得到一些启示，少走一些弯路，甚或从优秀走向卓越。

严格来说，梅兰芳成为梅兰芳有三个过程。

第一是技巧的层面。京剧很重视技巧和技术。梅兰芳小时候，眼睛是耷拉的，没有什么神光。这对一个旦角是致命的。因为女人的眼睛要能说话，要"染作江南春水色"，要"秋波一转更销魂"，要"回眸一笑百媚生"，所以，梅兰芳必须苦练眼神。

梅兰芳找到了一个好方法，他在家里养了好多鸽子。

为了练眼神，梅兰芳天天放鸽子，把家里的鸽子轰上天去。用眼睛追逐鸽子，鸽子渐渐远去，越来越小，以此锻炼自己的眼神。

梅兰芳还举着一个大竹竿，在竹竿顶上绑上红布条，就是轰鸽子往上飞；绑上绿布条，就是召鸽子回来。这样一来一去，既练了臂力，又练了眼神，一举两得。

后来的梅兰芳，眼睛炯炯有神，顾盼神飞，非常漂亮。这就是苦练的结果。

梅兰芳还花了很多的时间来打磨指法，旦角的手指俗称兰花指，这是很考究的。旦角平常不出手，兰花指隐藏在水袖之中，只利用水袖传达出各种各样的心情，梅兰芳的水袖技巧是梅派风格的重要组成部分。

旦角平常是不出手的，一出手就要漂亮至极。因此，旦角的兰花指既要好好保养，更要好好练习。为了练就轻盈的脚步，梅兰芳甚至踩高跷，在冰上行走，保持不倒，长年累月下来，梅兰芳这才练就了后来的凌波微步。

技术的层面，实质上就是科学的层面。而任何科学的东西，都是可以通过训练练出来的。由此看来，教师要成为优秀教师，必须过技巧关。像梅兰芳一样，找到各种各样的方式，练好普通话、粉笔字、简笔画、朗诵。还有一些课堂技巧，比如文本解读的技巧、课堂结构的技巧、课堂程序的技巧、师生交流的技巧等。

要知道，没有这些技巧，没有这些噱头，就算是再好的精华，也很难吃喝出来。技巧是课堂效率的排头兵、艺术效果的催化剂。

第二就是艺术层面。梅兰芳身上有一则经典案例。梅兰芳曾经和俞振飞先生合演《断桥》，演绎白娘子和许仙悲欢离合的故事。

白娘子面对负心的许仙，心情如同翻倒了的五味瓶。她有一个动作，是拿手指去戳许仙的脑门，许仙是跪在地上哀求她。她说冤家呀，说完就戳许仙一下。梅先生用力大了一点，一戳，俞先生跪在那儿没有防备，向后一仰，险些就要摔倒。

梅先生发觉这个舞台失误，立刻双手去搀扶，等搀住了，再一想，不对啊，我演的是白娘子，他演的是许仙，是他负心于我，我搀他做甚啊？因此，又轻轻一推许仙。

先是一戳，表示对负心人的不屑，但是戳得过重了，又急忙去搀，不要造成舞台失误；搀住之后立刻又回到戏里来，又往后一推。一戳、一搀、一推，这就把一个舞台事故掩饰过去了。其实，岂止是掩饰过去了，而是化腐朽为神奇，创造了更大的艺术效果。

此后，不但梅先生和俞先生演出这出戏这样处理，其余的所有剧种，任何人演到这出戏都这样处理。可见这出戏的艺术效果。

也许，我们所看到的只是一个舞台事故的补救，但是这个补救却成为一个经典，这绝非一朝一夕之功。没有对人物的深入解读，没有对艺术的大胆求新，没有这一种舞台灵性和处理手法的自信，绝对不可能实现，也没办法实现。

一个人一旦达到了一定境界，一举手一投足，都是艺术。连失误也能为我所用，化险为夷，别有风味，从教师的层面来说，这就是技巧之上的活用。

课堂需要理论支撑，否则就站不稳，一旦出现状况了，就无法安顿，这种应急处理机智，看上去是灵机一动，实质上需要教育学支撑。

我身上的一些案例，也可用来说明。06届的时候，一天下午，我走进高三（3）班，突然看到在教室正中央的投影机下，用细长的线吊着一个小球，挂在那里。学生都看着我，我并没有理会他们，我知道他们等着看笑话。

那节课讲黄冈试卷的现代文阅读，选文是郭婧娟的《逃离》，其中有一句话要求阐释："人生就像荡秋千，总想荡到生活的最高处，但最终却回到起点。"

当说到这句话的时候，我在悬挂的小球上轻轻一推，说，人生就像这个小球一样。小球荡了起来，荡到了最高，又最终无奈地回到原点。教室里突然响起了热烈的掌声……

那天，我很兴奋，我知道，将来我的学生们，可能会忘记我教给他们的很多语文知识，但一定不会忘记我在教室里所荡起的秋千！我把一起棘手的教学冲突，变成了一种巧妙的教学资源。我觉得很成功。

还有一次我外出上课，上《祥林嫂》，有学生提出——祥林嫂"克夫"。这是一个极其荒唐的观点。但我顺势而为，提问学生：认为祥林嫂"克夫"的究竟是哪些人？学生一一道来。

我再问:祥林嫂认为自己"克夫"吗？一步步把学生的思考引向深入。

"克夫"这个荒唐的观点，竟然被迫害祥林嫂的、同情祥林嫂的人所认同，甚至被祥林嫂自己所认同。这是一件多么可悲的现实。鲁迅就是要通过这些触目惊心的事实，揭示封建社会中国妇女被压迫、被愚弄、被损害的悲惨命运。

但我觉得还不够，我问学生今天有没有"克夫"之说？学生都说有。我再问那有没有"克妇"之说呢？

学生大为震惊。我说，照理说，一个男人连续死几个妻子，也是有可能的。为什么在农村，"克夫"之说屡见不鲜，而"克妇"这个词甚至都没有呢？这说明了什么？

学生回答，这说明了中国的妇女解放依然没有真正地完成，妇女当家做主的春天依然没有真正到来。我们依然任重道远。

我觉得，老师一旦深入理解了教育，对教育对象的所思所想了然于心，对教学内容融会贯通，并逐渐脱去匠气，洗去技术化的雕琢，走向真正的心灵教育，老师就可能在教学中挥洒自如，妙手偶得之。

技术的层面是科学的，但这种科学的层面必须上升到艺术层面，才能取法乎上，逐渐走入文化的殿堂。教育是科学的，但教育又是艺术的，是科学和艺术的交融、艺术和科学的匹配。

还有一个层面是文化层面。一切艺术，如果最终不能上升到文化的层面，这个艺术是无法长久的。梅兰芳的京剧就达到了极致，在一些艺术纷纷没落的基础上，梅派却呈现了旺盛的生命力。这就是文化的滋养。

天下的东西，只要做到极端的优秀，就能完成三个超越。比方说贝多芬的音乐、徐悲鸿的奔马、齐白石的虾、古希腊的雕塑，都具有三大超越。

首先是时间上的超越，过去的人喜欢，现在的人也喜欢，能够经受时间的淘洗。

其次是空间上的超越，中国人喜欢，外国人也喜欢，越是民族的，就越是世界的。

最后是对题材的超越。凡·高的向日葵、齐白石的虾、陈寅恪的《柳如是别传》，题材不可谓不小；黄仁宇的《万历十五年》，更是借助一年，写尽一个王朝，而且又借一个王朝，写尽中国历史。这些东西都达到了极端的优秀，所以就完成了伟大的超越。

这背后所隐藏的东西就是文化。但是，如何涵养文化素养，如何提高文化积淀，逐渐上出文化味的课，显然对老师提出了高要求。

这是一个立体阅读的过程，文史哲都要跟上，打通各个关节。同时还需要结构主义的知识背景和比较文学的一些知识，才能探究出经典作品的原型意象。

结构主义总是把一个作品放在很多作品当中，从它们的关系中来寻求意义。比较文学中的主题学，就有很多类似的主题，有一种相似的原型结构。

比如古希腊神话是很多文学的源头，很多英雄不满足现状，他们离开家，寻找美女海伦，寻找金羊毛，寻找圣杯等，总之，是一个任务促使他们离开家，又总要经历种种磨难、艰险、伤痛，最后终于成熟起来，然后，回家。从中，我们可以归纳出一个结构，就是"离家—经历苦难—对人生有了深刻的领悟—回家"。

《西游记》的孙悟空就是如此。离开花果山，为了取经任务，经历九九八十一难，终于修成正果，回到花果山。

《红楼梦》中的贾宝玉也不例外，离开青埂峰，到了大观园这个花花世界里，经历了悲欢离合，生离死别，最后，终于又回到大荒山下，青埂峰旁。

当然在原型分析的基础上，我们还必然分析一种民族文化心理。因为，一个故事被视为经典或者神话，它一定是揭示了人类深厚的集体无意识中的某一原型，它一定是人类灵魂或者集体智慧的一个高度浓缩的

"原始意象",并在长期的发展中,最终转化为民族心理。

通过对这些民族心理的分析,并结合西方民族心理的比较,我们就可能把自己的课堂打造成一种文化氛围浓郁的课堂,而这种课堂是不会死的。

尽管穷其一生,可能我们还是不能抵达,但我们依然要做夸父,宁愿渴死在追求光明的路上。

做一个反思型教师

做一个老师,哪怕面对常识,也应好好反思。

一、关于错误

为什么在小学的课堂上,孩子们的手举得那么高?为什么高年级的学生,知识越来越丰富,却越来越不愿意参与课堂讨论?

分析其中的原因:

第一,害怕别人说是出风头。

鉴于此,我和学生一起探讨,主动学习是不是出风头?如果是,该不该出这个风头?学生在学习上出风头,是自信的表现,是光荣的事情。就像刘翔说"中国有我,亚洲有我",是多么振奋人心啊。

第二,害怕犯错误。

犯错误是一件好事情,人们总是在错误中成长,而所谓的正确常常会使我们一无所获。

"畏惧错误就是毁灭进步",我常常鼓励学生犯错误,学生虽然最终克服了怕错的心理障碍,但还是希望回答是正确的,所以,每次提问之前,我总是让学生先交流,后对答。学生每次回答问题,我都和全班同学认真倾听,及时给以鼓励,并帮助纠错、扶正。

二、关于效率

曾经有一名数学特级教师对低、中、高三个年级段各随机抽取 20 个学生进行测试。题目是这样的：一条船上载了25只羊、19头牛，还有一位船长，要求根据已知条件求出船长的年龄是多少。

结果让人大吃一惊，绝大多数学生居然算出了具体"结果"，只有少数学生对试题的合理性提出疑问。而且质疑者低年级的居多，中年级的次之，高年级的最少。

随着学生年级的提升，受教育时间的增加，知识量的扩大，学生的好奇心、想象力、创造力反而在逐渐萎缩，问题意识、批判意识也越来越淡漠，而对教师、书本的依赖、盲从、迷信的程度则越来越严重。这不能不引起我们极大的关注。

我们很多时候都感到困惑，一道题目老师反复讲，学生不断错。感觉学生特别笨，老师也特别悲观。

对于这个问题，我是这样认识的。很多时候，我们只教学生知识，没有教学生智慧。或者只教学生方法，但对方法背后隐藏的思维过程，学生并不清楚。还有一个原因，就是学生对我们所讲的东西，不感兴趣。

鉴于此，我在课堂上常常联系生活现实，教给学生思维的方法，把教学游戏化。

比如，对现代文阅读理解题的剖析，我随意举了一些生活中的例子。

有次程老师问我："王开东，你猜，这碗青菜是多少棵菜炒出来的？"这个问题，不好回答。

如果从现代文阅读的角度出发，我就会这样分析，程老师为什么要问我这个问题？她的命题意图是什么？也就是说，这个问题的价值只能在于两点——一是用很少棵的青菜，炒出很多分量的菜；二是用很多棵青菜，炒出很少量的菜。

把握住程老师的"命题意图"之后，我重点看"语境"，我发现碗里青菜的数量并不多，而且菜叶很少。所以，我断定，是一棵青菜炒出来的。程老师十分惊诧，于是竖起一个大拇指。我说："且慢，这个大拇指我可以理解成你对我的夸奖，也可以理解成你是用一棵菜炒的。"

生活中这样的例子很多，比如，有一次，我和孩子躺在床上看电视，孩子突然问我："爸爸，你猜我是怎样把这本书从地下捡起来的？"

从现代文阅读理解的角度出发，我首先猜想答案的几种可能性。把书从地上捡起来，可以用手，可以用脚，也可以用嘴，只能有这三种方法。

结合命题意图，我首先排除"用手捡起来"，因为这个实在没有任何价值。再结合"语境"，我发现那本书很脏，而我儿子一向很爱干净，所以，也不可能是"用嘴叼起来"。

我得出结论，一定是"用脚捡起来的"。儿子佩服得不得了。其实，这并没有什么，就是分析理解。

我最后总结，现代文阅读首先要看命题者的意图，猜想答案的几种可能，然后，结合语境，认真排除，最终就一定能找到正确的选择！

再比如作文，学生对多角度、分层次分析问题，总是不给予关注。我又以生活中的例子来启发学生。

有一天晚上，7岁的儿子挤到我的床上，问了我一个问题："爸爸，我的名字是怎么来的？"

我说："是爸爸给你取的啊！"

儿子问："是不是你怎么取的，我就应该怎么叫？"

我说："是啊！"

儿子说："不行，这不公平，我也要给你们取名字。"

我说："哈哈，好啊，爸爸赞成。"

儿子看起来很慎重，想了一会儿，说："你叫大宝藏。"

"为什么叫大宝藏呢？"我问。

儿子回答说："因为爸爸头脑里有很多宝藏。""妈妈就叫大宝贵。"儿子忽闪着眼睛，看着天花板。

我说:"给爷爷和奶奶也取一个名字吧!"

儿子很兴奋,认真思考了好一会儿,说:"爷爷叫老宝贝。"

我笑了笑,爷爷一直是儿子最喜欢的人。"奶奶呢?""奶奶叫老贵重。"这个名字差点让我笑起来。

"那你自己呢?"儿子早就胸有成竹,说:"我叫小宝石。"我终于笑了起来,真的很开心。

儿子取名字,竟然无意识地采取了分类法,把我们一家分成"老大小"三个层次,取的名字尽管很俗,但是,基本上表达出了儿子对我们的祝福。

学生听得津津有味,接着我举了一个全市统考作文最高分的例子,作为佐证。

我说:"在这次'幸福'的话题作文中,我班的李某之所以获得高分,一个最主要的原因就是她能够多角度、分层次地解析话题。她选的三个例子是:小时候,妈妈给她买的冰糖葫芦,让她感觉到很幸福;中考失利时,爸爸理解性的包容,让她感觉到幸福;前段时间,她去献血,竟然也感到莫大的幸福。这三个例子,按照时间的顺序,从物质上的幸福到精神上的幸福;从感受到幸福变为奉献体验全新的幸福。眼界扩大,境界升华!所以,无可争议地赢得高分。"

老实说,那次的作文训练,所有的学生力争不在一个层面上发表议论,尽管分层的标准尚有欠缺,但是多层次说理的意识算是建立起来了。

三、关于后进生

刚开学就看到学生周记的一篇文章,大受震撼。

老师:

这么快就开学了,寒假真是太短暂了,我还没有玩够呢!

不过，寒假里也没有什么好玩的，除了在家就是走亲访友，没法痛痛快快地玩。特别是该死的天气，新年期间，竟然连个好天气也没有，不知道老师您家乡的天气好不好，我这儿那几天里除了阴天就是雨天，甚至还下了两场小雪，真是太糟糕了！老师，您一定过得很愉快吧！

寒假里，我也没和其他同学多联系，除了在新年的那天晚上，发了几条短信，祝福他们新年快乐。

开学后，我原本以为与同学们聚会会很高兴，可以消解假期走失的郁闷。但是没想到在寒假作业的检测中，我不幸遭遇了滑铁卢，五门科目险些全军覆没，只有英语涉险过关。

本以为我难过一下就算了，但没想到电闪雷鸣之后，紧接着就是狂风暴雨——学校要为考得差的学生补课。

听到这个消息，我的心就像伤口上撒了一把盐——以后的星期天不能睡懒觉了！以后的星期天不能踢足球了！好难过啊！真想感慨一句："这个社会太黑暗了！"

曾经有几张洁白的试卷放在我面前，我没有好好珍惜，等考完了之后才追悔莫及，人生中最悲哀的事莫过于此。如果老师能再给我一次重考的机会，我一定用圆珠笔在试卷上写下三个字——"我不会"！如果一定要给我的考卷批一个分数的话，我希望是一百分！（和老师开个玩笑）

新学期来，我还发现少了一个人——陆某，老师们知道他走了，一定很高兴吧！因为他是一个捣蛋鬼，他走了，老师会轻松一些，平均分会高一些；可我认为，他走了，我就少了一个朋友。虽然教室里的总分贝降低了，但我同时感到了一丝丝寂寞，真想再听听他"叽叽喳喳"的声音。

好了，就说到这里吧。我祝老师在新的一年里身体健康，工作顺心！

老实说，这封信让我很感动。因为陆某的辍学，我也打心眼里高兴。而这些所谓的"差生"，在过年的时候，还牵挂着我。找到朱某某的时候，我和他交流，我说我很理解他，并且坦诚地说，我也是渴望陆某离开的一个人，但我今天要让你帮助我转达我的道歉。

我对朱某某说，我们已经失去陆某了，我们再也不能失去你了。

随后，我帮他分析这封信，在肯定他幽默风趣、语言生动的基础上，也指出了他思想上的一些问题。后来，每次批改试卷，我一定要给他写几行字。我们的友谊一直保存到现在。高考中朱某某语文考了115分。

我以为我对后进生的关爱是发自内心的，但反思之下，我突然发现，我这种关心仍然是浅薄的。因为我当时刚到外校，从某种程度上来说，我就像后进生一样，不被人注意，我们同样孤独着。他写信给我，以及我和朱某某的互相温暖，就带有这个色彩。

认识到这一点之后，我才真正端正了思想，把解决后进生问题摆在首要位置。

高三（3）班某个学生，一写作文就偏题，他对一些团体很有意见，一写作文就要批判。我说，下次你不要批那些团体了，你就批这个社会。

再到下次作文，我告诉他，你还可以批社会，但要给我找出批社会的原因。终于，他改掉了这个毛病，而且文章还写得很好。最后，高考中，他语文考了109分，并且顺利考上了本科。

当然，老师在教学中的任性而为，一定要建立在学生理解并且喜欢的基础上，老师的个性张扬了，学生的个性才会获得发展。由此看来，老师的民主、宽容、幽默，是必备的法宝，这是不二选择。

上天让你成为一名好教师

教师一旦真正将生命投入教育教学事业中，那么便可以在生命终结时说：我这一生，看到过绝美的风景；而后世高尚的人们，面对我们的骨灰，将会洒下热泪。

我一直试图找到教师专业发展最重要的理由，即我们为什么要成为一个好教师。

宏大叙事的理由有很多，比如：为了孩子的生命奠基，为了自己的职业生涯更加辉煌，为了教师这个职业的不能承受之轻。

这些都是，但似乎都没有说中核心，说得让我们怦然心动。

谁都知道，要成为一名好教师，势必要付出艰辛、汗水，劳累、疲倦，在无数单调时间的消磨、孜孜不倦的求索之后，或许，我们还是一无所获，两手空空。成为好教师的路上，不仅荆棘丛生，蛇蝎遍地，甚至伴随着曲解、嘲讽、风言风语。

当你努力工作，努力探索教育本质，把写作变成了一种常态……有人就说了，会写作，不一定会教书。分数才是硬道理，没有成绩，再会写也是白搭。

当你努力教书，学生们取得了优异的成绩……有人又说了，你只会教书、写作，你完全没有生活，这样的老师，注定是一个可怜虫。

当你有了一点点生活，开始把日子过得行云流水……有人又说了，你只会教书、写作，过着枯燥的生活，你没有情调，更不会调情；你还不会抽烟、喝酒，你这一生白活了……

有时候，禁不住想，成为一名好教师为什么那么难，上天为什么不奖励好老师？

直到有一天，看到《芝加哥论坛报》的主编——西勒·库斯特对一个问题的求解，才算是豁然开朗。

1963年，一个7岁的小姑娘玛莉·班尼写信给《芝加哥论坛报》的西勒·库斯特。

因为她实在搞不明白，为什么她帮妈妈把烤好的甜饼送到餐桌上，得到的只是一句"好孩子"的夸奖，而那个什么都不干，只知捣蛋的戴维（她的弟弟）得到的却是一个甜饼。她想问一问无所不知的西勒·库斯特先生，上帝真的是公平的吗？如果是，那么，上帝为什么不奖励好孩子？

这个问题，让西勒·库斯特觉得非常棘手，也非常沉重。

10多年来，孩子们有关"上帝为什么不奖赏好人，为什么不惩罚坏人"之类的来信，他收到不下千封。可是，他实在不知该怎样回答，这也是他的困惑所在。

正当这个时候，一位朋友邀请他参加婚礼。也许他一生都该感谢这次婚礼，因为就是在这次婚礼上，他找到了答案，并且这个答案让他一夜之间名扬天下。

西勒·库斯特是这样回忆那场婚礼的：牧师主持完仪式后，新娘和新郎互赠戒指，也许是他们正沉浸在幸福之中，也许是两人过于激动。总之，在他们互赠戒指时，两人阴错阳差地把戒指戴在了对方的右手上。牧师看到这一情节，幽默地提醒：右手已经够完美了，我想你们最好还是用它来装扮左手吧。

石破天惊，茅塞顿开，豁然敞亮！

右手成为右手，本身就非常完美了，的确没有必要把饰物再戴在右手上了。那些有道德的人，之所以常常被忽略，不就是因为他们已经非常完美了吗？后来，西勒·库斯特得出结论，上帝让右手成为右手，就是对右手最高的奖赏。同理，上帝让善人成为善人，也就是对善人的最高奖赏；让恶人成为恶人，就是对恶人最大的惩罚。

西勒·库斯特发现这一真理后，兴奋不已，他以"上帝让你成为好孩子，就是对你的最高奖赏"为题，立即给玛莉·班尼回了一封信，这封信在《芝加哥论坛报》刊登之后，在不长的时间内，被美国及欧洲一千多家报刊转载，并且每年的儿童节他们都要重新刊载一次。

西勒·库斯特解决了我们最大的一个难题。

让一名教师成为好教师，就是上天对我们最大的奖赏；让一名教师成为一个平庸教师，就是上天对他最大的惩罚。由此看来，教师这个职业不需要太多的回报，真正的持久的永恒的回报，来自工作本身，来自教育故事的沉淀，来自伟大真理带给我们的强烈震撼，来自知识带给我们"朝闻道，夕死可矣"的满足与高峰体验，来自师生生命的互相灌溉，以及随之而来心灵交融之后的完整与充实。

教师一旦真正将生命投入教育教学事业中，那么便可以在生命终结时说：我这一生，看到过绝美的风景；而后世高尚的人们，面对我们的骨灰，将会洒下真诚的热泪。

第二章 教育的法则

无论你从什么时候开始,重要的是开始后就不要停止。无论你从什么时候结束,重要的是结束后就不要悔恨。

——柏拉图

教育是什么

教育是什么？

教育是南极的一捧雪，一卷寒风，一个灵魂的沉睡和舞蹈！

教育是一个灵魂破土而出时的睡眼惺忪，是天使的泪珠对小草的一种爱情表白！

教育是一颗泪珠，从大秦流到大汉，从大汉流到大唐，然后写成的一部厚厚的春秋！

教育是一段春秋，纵然在岁月的欺瞒中，仍然像胡杨，命定一千年不倒的一种魂魄！

教育是一种魂魄，纵然青春被误解、热情被浇灭，但仍然把历史和大爱的元素，调和成一杯不能忘却的酒！

教育是一杯酒，只要尝一小口，就可以沉睡五千年，执着一辈子，是八千里路云和月的一种宿命！

教育是一种宿命，玷污它就会被麻痹、毒害、流放的一种罪罚！

教育是一种罪罚，看着黄河穿戴起刑具，坐在鲧的面前，想象一段岁月明灭的忧伤！

教育是一段忧伤，是心灵不够充盈、生命不够壮阔、精神不够放纵的呐喊！

教育究竟是什么？

其实教育什么也不是，教育真的什么也不是！

教育只是我们教育者无法舍弃的一份良心！

教学水平并非老师的第一要素

内尔·诺丁斯在《学会关心：教育的另一种模式》里说过一段话。

"当我和我丈夫在读高中的时候，我知道我们的老师关心我们。实际上我们的很多老师并不精通他所教的科目，但是他们了解我们，与我们交谈，鼓励我们。我们的学习负担也不是很重。一旦暑假来临，我就精神不振，因为我不愿意离开学校那么长时间。学校已经成了我的第二个家了。……

"教育研究者和一般行为的科学研究者一样，都错误地认为一成不变的方法可以取代个人差异。这种企图只会加剧学生的游离行为。

"研究者们往往试图去决定 A 和 B 哪个是更好的学习方法。他们尽量忽略教师和学生的特殊性，他们尽量控制尽可能多的变量。然而，问题在于教师并不具备物理上的可变性，教师不能够被视为传输系统或处理工具。孩子们也是这样。课堂教学过程中不经意的一颦一笑或许就会改变一切！……

"整个教育系统似乎精疲力竭，陷入危机，但这主要是因为这个系统只会用一种思路行事：例行公事般地累加课程和服务。学生们在被喂养着，这种喂养哲学的核心是：饥饿的孩子不能学习，而真正需要的是富有爱心的人们来哺育饥饿的孩子。"

这段话实在太令人震惊了，引发我很多思考。

第一个问题是，大多数老师并不精通他所教的科目，为何这两个孩子如此迷恋校园？为何离开校园时间长一点就精神不振？为什么他们把学校当成了自己的家?

由此看来，老师的专业水平固然有影响，有作用，甚至作用还不小，但仍然不起绝对作用。那么，让孩子们喜欢老师、喜欢校园的究竟是什么？

内尔·诺丁斯说，是老师对孩子的关心。这种关心是有层次的。一是老师经常和孩子交流，交流才会产生了解。二是不断鼓励孩子，让孩子获得信心。三是负担不要太重，这是更深层次的爱。对孩子的尊重，对孩子身心的关心，居然比老师的专业知识和职业技能还要重要。这谁能知道，谁能理解，谁能践行，谁敢践行呢？

但这几方面仍然是表面现象。教育是人与人之间的事情，本质上是一种关系的建立，因此决定教育质量的关键不是教育技术，也不是教育方法，而是教师是一个什么样的人，以及和学生建立了什么样的关系。

你是一个什么样的人，就决定了你是什么样的教育。从这个角度来说，你即语文，你即数学，你即英语……你就是全部的教育。这与一个老师写过多少论文，做过多少课题，上过多少公开课，被多少有关或无关的人高度评价无关，那些都是老师对自己人生的规划和打磨，与学生的学习没有直接关联。

其实这不是内尔·诺丁斯的个人感受，科学实证也是如此。我的好友赵桂霞校长曾在广文中学做过一次调研，让孩子们列举最喜爱老师的特征并排序，大数据调研的排列结果如下：

1. 尊重学生，与学生做朋友。
2. 平等看待学生，一视同仁。
3. 不讽刺挖苦学生。
4. 不体罚或变相体罚学生。
5. 教学方法独到、新颖，语言幽默生动，课堂气氛活跃。
6. 有渊博的知识。
7. 能虚心听取学生的意见。

8. 不拖堂。

9. 布置作业要适当。

10. 不随便找家长来学校，不向家长打小报告。

最受欢迎老师的前10大特点中，涉及老师渊博知识和教学方法的竟然只有两项，而且排名并不靠前。这说明什么？说明本科生教小学、研究生教初高中，在知识储备上几无问题，最重要的还是老师的为人，育人重于教书。

但现在教师大量的培训会议几乎全都是教学，着力提高的还是教师的知识水平和技能水平，对老师育人方面的关注远远不够，这也使得培训猛如虎，很不受老师的待见。大量的网络培训任务，基本是老师上课时打开挂在网上，下课再换一个，或者晚上睡觉打开，静音，让讲师一个人自言自语，这实在太可悲了。这样的现象甚至还催生了一个产业：专门帮人家学习或完成继续教育。正因如此，我拒绝了多个网络课程的邀请，害怕成为那个自言自语的讲师。

第二个问题是，他们都是技术主义者，能控制变量，筛选出更好的学习方法。但问题是这是教学，师生都是活生生的人，不具备物理上的可变性。教师不能是，也不必是一种知识加工和传输的工具；孩子也不该是，也不能是接受的工具。

一成不变的方法一旦取代了个人差异，这样的教学就失去了生命意义，哪怕成效很高，也与一个熟练的机器人无甚差别。所以佐藤学说要建构一种润泽的课程。我的理解是，润泽的课堂上应该荡漾着探究的思绪，游弋着民主的灵魂，涌动着求知的热情，散发着会心的微笑。但这些课堂的内涵和细节，技术主义是没办法做到的。

他们之所以没办法做到，乃是因为第三个问题——他们信奉的是喂养哲学，这种哲学核心的前提是："饥饿的孩子不能学习，而真正需要的是富有爱心的人们来哺育饥饿的孩子。"问题是，没有人告诉我们，饥饿的孩子为何不能学习？为什么必须由有爱心的人来哺育？但结果让成人很满意。老师的爱心体现出来了，哺育的高分也出现了。可背后真正的问题是，这个前提是正确的吗？

如果我们的孩子因饥饿而不能学习，未来离开老师，走入社会，会不会饿死？更不用说终身学习了。所以这个前提贻害无穷。叶圣陶先生的观点是，教育无非就是培养良好的习惯，教是为了达到不需要教而使得学生自会读书、自会作文、自会做人的境地。这里最重要的就是一个"自"，如果把"自"淹没了，那就真正失去了自我，失去了人的根本，结果就是不能成人，教育也失去了依靠。

这样看来，"整个教育系统似乎精疲力竭，陷入危机"就是可以理解的了，"例行公事般地累加课程和服务"就是不得要领，徒增烦恼和笑料罢了。

教育的三个黄金法则

黄永玉先生曾说过一个故事,意味无穷。

  螃蟹、猫头鹰和蝙蝠都去上"消除恶习补习班"。数年过后,他们都顺利毕业并获得了博士学位。不过,螃蟹仍横行,猫头鹰仍白天睡觉晚上活动,蝙蝠仍倒悬。

这个寓言很有味道,完全可以从教育学上来多元解读。

第一,同质化的世界是危险的。

我们习惯了整齐划一,我们害怕异端,不能容忍异端。对于异端,我们习惯于一棍子打死。

据说很多年前,达尔文从茹毛饮血的非洲带走了一个孩子,对他进行教化。很多年之后,在文明的熏陶下,这个孩子长成了一个绅士,白白净净,风度翩翩。达尔文让他再次回到当地,试图以他为榜样改变土著的习惯。

结果,他非但没有改变土著,反而成为土著眼里的异类。他的优雅成了最大的恶习。土著千方百计地改造他,但是都不能成功,一怒之下,就把他给分吃了。

异类会成为事物的中心,因为异类的介入打破了无差异的均衡,形成了新的"中心"。没有蚌壳中的那一粒沙子,就没有晶莹美丽的珍珠。

然而,现实生活中,辛勤的园丁们挥舞起大剪刀,挥汗如雨,诲人不倦。最后，所有的孩子都是同一个眼神，同一个腔调，同一个脑子，同一种话语……

老师心满意足，在师德报告会上振振有词：我没有放弃任何一个孩子，我的班级没有一个异端，每个孩子都唱着同一首歌。最要命的就是唱同一首歌。连《同一首歌》本身都"歇息"了，我们还唱得很起劲。孔子说因材施教，如果我们用同一个考纲、同一张纸卷，这样教下去也太危险了。

何以危险？因为我们的孩子不再是活生生的不同的树叶，而是一个模具里克隆出来的产品。这样的产品没有温度，没有情感，没有是非，没有价值观，更没有爱与尊重。

这不是教育，这是活生生的戕害！谁能规定螃蟹不能横行？谁能规定猫头鹰必须白天活动，晚上睡觉？谁能决定蝙蝠不可以倒悬？

印度电影《人世间》中有一句经典的台词：我最大的过错，就是我什么过错也没有。当个性被当作恶习，残害个性反而成了治病救人的举措，这是教育最大的悲剧。

正义，多少罪恶假汝之名。

第二，没有体验的教育毫无意义。

苏格拉底说，未经省察的人生不值得一过。我说，没有体验的教育毫无意义。

现在，我们不再讨论这个补习班该不该上的问题，而要探究这三者顺利毕业甚至获得了博士学位后，为什么成效还是零？

螃蟹、猫头鹰和蝙蝠这样的学生都是社会底层，不会像老虎、狮子那样利用权力寻租，也不会像大熊猫一样拥有多种特权。这就意味着他们的博士学位是货真价实的。

那么，他们所谓的恶习为什么没有得到改正呢？

原因很简单，他们的博士学位都只是知识的堆积。因为没有身体力行，特别是切合实际的身体力行，那些知识就只是遥远的知识，并没有化成他们自己的生命体验。美国华盛顿儿童博物馆里有这样一个标语：我听过了，我就忘记了；我看过了，我就记住了；我做过了，我就理解了。

高认识力是一种天才素质，高行动力更是一种天才素质。纸上得来终觉浅，绝知此事要躬行。

第三，没有自我就没有一切。

自我是重要的，自我不仅与你、与他相对照，自我还与外部世界相沟通。相对于自我来说，你和他还有外部世界，都可以称为他者。我们必须大胆地向世界宣称：我很重要。

毕淑敏在同名文章中说：

"常常遥想，如果是另一个男人和另一个女人，就绝不会有今天的我……

"即使是这一个男人和这一个女人，如果换了一个时辰相爱，也不会有此刻的我……

"即使是这一个男人和这一个女人在这一个时辰，由于一片小小落叶或是清脆鸟啼的打搅，依然可能不会有如此的我……"

我们是千万个精子的领跑者，是大自然的鬼斧神工，是永远不可重复的孤本，我很重要。

上帝一开始就赐予我们与众不同的基因和密码。

你是螃蟹，你尽管横行霸道，这是你的天性，也是你的造化。

你是猫头鹰，你何须与人类同一个步调？也许千百年前，正是因为人类把你们看成不祥之兆，穷追猛打，才使得你们改变了习性，黑白颠倒，从而躲开人类的肆虐。现在，好大喜功的人类又要把你们扭转过来。

你是蝙蝠，你倒挂金钩有什么不好，如同小龙女睡在一根绳子上，你的睡姿简直太浪漫了，你是独一无二的。之所以这样，是因为你悬挂在那里，更容易捕捉食物，如此而已。

我们总习惯于到外面寻找答案，去老天那里寻找力量，结果忘记了最重要的力量就在自己身上。求人不如求己，我才是我的老天，我命由我不由天。

而且更重要的是，就算我自己没有力量又怎么样呢？

我接纳自己，享受自己现在的样子，当世界遗忘我的时候，我为自己代言，为自己喝彩。

是大树，就努力成为栋梁，一柱擎天；是玫瑰就成为玫瑰，娇艳欲滴，吐露芬芳；是小草就做小草，呼朋引伴，绿满天涯。每一种人生都是独一无二的，不可替代的。

犹太哲学家马丁·布伯说："你必须自己开始。假如你自己不以积极的爱去深入生存，假如你不以自己的方式去为自己揭示生存的意义，那么对你来说，生存就将依然是没有意义的。"

教师的作用是有限的

我越来越觉得,教师的作用实质上是有限的。了解到这一点,对我们而言,不是绝望,而是警醒。它能使我们摒弃不切实际的自以为是,从而更着眼于教师教育功能的正常发挥。

有两个比喻深得我心。

第一个比喻的制造者是苏格拉底。他说:把知识灌输到学生灵魂里去,就好像把视力放进盲人的眼睛里去似的。

知识不是物件,不是能够捆绑起来,然后经老师一传一递、学生一收一拿就能够完成的。教育即生长,它是每个人与生俱来的一种天性。一切教育,一旦没有保护好这种天性,没有呼唤主体的觉醒,没有触动学生的生命和灵魂,这种教育就是蹩脚的、拙劣的。

闻一多的实验做得好。上课之前,闻先生抱来一只老母鸡,那只老母鸡饿得头昏眼花,他在老母鸡面前撒了一些米,老母鸡不断挣扎,却死也不肯吃。然后,闻先生把老母鸡放下来。老母鸡走了几圈之后,就在教室的角落里找米吃了。它欢快地啄着地板,声音沉闷而悠远。

圈养不如散养。强迫灌输,不如自由寻找。

在古希腊语中,学校的含义就是闲暇。唯有在闲暇之中,在时间的保证之下,学生才能够有自由。

孩子唯有在幸福的、无忧无虑的、不为恐惧和担忧所困扰的情况下,才能持久保持好奇心和对未知世界的兴趣。作为教师,无非就是要保护好孩子的好奇心,呵护孩子探究世界的微妙的兴趣,而不是用所谓的师道尊严和权威人格来兜售自己的专业知识。

作为教师,我们需要牢记:智育是发展好奇心和理性思考的能力,而不是灌输知识;德育是鼓励崇高的精神追求,而不是灌输规范;美育是培养丰富的灵魂,而不是灌输技艺。

灌输产生强制,强制产生压力,压力产生负担。爱因斯坦说得好:"负担过重必然导致肤浅,教育应当使所提供的东西让学生作为一种礼物来领受,而不是作为一种艰苦的任务要他去承担。"

第二个比喻的制造者是道辉。他说:"我们无法把水珠从水里挑选出来。"

这个经典的比喻妩媚极了。作为教师,我们根本无法确认谁是优秀的,谁是糟糕的,因为优秀和糟糕的标准并不是绝对的。爱因斯坦做不好小板凳,却提出相对论;丘吉尔拼不好文法,却改变了历史。

作为教师,我们无法把水珠从水里挑选出来,因此,我们只有治理好整条河道,让小溪欢快地奔向小河,让小河静静地流向大江,让大江汹涌地涌向大海。我们将用欣赏的心理、期待的眼神、赞美的语调、宽容的心境、平和的话语,告诉我们的每一个学生:你们每一滴水,都来自雪山、黄河,都是独特的一滴,既是喧哗,也是传奇。在岁月的长河中,你们将没有两岸,只有前方。

你们将自主选择你们的未来,决定你们的走向。而我们所能做的,就是目送,以一种恒久的姿态,目送你们渐行渐远。

教育不必摸着石头过河

教育和医学非常相似。一个解决人精神的成长，一个医治人肉体的伤痛。奇怪的是，医学性命攸关，但社会对医学几乎没有什么评价，这个病该怎么搞，那个病该怎么治，都是医生说了算。但对教育，每年高考结束，人人争先恐后地发表评论。这是为什么呢？

答案很简单，医学具有专业性，医学是科学。人们对科学充满敬畏，无法评价，也评价不了。但教育就不同了。每个人都认为自己是教育家，每个人都觉得自己真理在握，谁都能对教育说出子丑寅卯来。

与医学相比，教育这些年几乎没什么进步。孔子当年骂弟子宰予朽木不可雕也，我们到今天还这样骂。

答案很简单，因为医学讲究循证，临床治疗以及药品使用都要基于证据，背后都有大数据的支撑。新药研发过程中的双盲比对，使用成效的逆向追溯等，医学最终拿出的结果都是有学理支撑的，都是有实证的，比如现在很有名的循证医学。

但教育呢？教育没有循证。教育讲究理念和艺术，注重经验感受，缺少科学实证，越来越玄乎，差不多成为一门玄学了。都是我感觉如何，觉得怎样，认为该怎样。一千个人眼里有一千种好的教育。

医学现在很成熟了，一种病一旦确诊，马上就有一整套成熟的治疗方案，还有疗效显著的药物。但教育呢？比如这个孩子早恋，这个孩子有点小偷小摸，我们有明确的处理方案吗？有药到病除的方法吗？教育没有。教育都是靠经验。所谓特级教师，就是特别有经验的老师。这些经验在他那里有效，在别人那里未必就是有效的。

正因如此，教育的焦虑远远大于医学。

区域的焦虑在于，为什么我们那么努力，区域教育成绩却越来越下滑？背后真实的原因究竟是什么？

学校的焦虑在于，我们已经把所有时间都精细化了，但学生成绩还是不见提高。未来我们应该向哪里要质量？

老师的焦虑在于，为什么我起早贪黑，学生的成绩却越来越差，一届不如一届？

家长的焦虑在于，我们把所有时间都堆在孩子身上了，疲惫不堪，不堪重负，为什么孩子的成绩还是不如别人？别人家的孩子总能轻轻松松考得很好，这究竟是怎么回事？

请注意，他们所提到的全都是成绩。成绩来源于哪里？成绩来源于考试。考试告诉我们什么？考试告诉我们一个确定的结果，告诉你孩子目前的水平和状况，但考试不能告诉你这种状况是怎么形成的。你孩子的成绩好，为什么好？怎样能变得更好？你孩子成绩差，为什么差？该如何对症下药，获得最大程度的提高？

这些问题，考试没办法解决，有限的数据也没办法解决。老师认为学生成绩下降，就是时间没到位，不够努力。如果足够努力，烟锅都给你熏黑了，怎么可能弄不好成绩？这样的认识都是荒谬的，我们所有的社会焦虑就在这里。

用大数据分析孩子教育质量的情况，这是我们教育监测中心的工作。我们是教育系统的实证主义者，我们根据大数据的追踪，基于证据，科学精准地测量出影响教育质量的相关因素，以及这些影响因素究竟有多大。

所以监测与考试不同。

首先是目的不同。统考的主要目的是选拔和甄别，对象是指向个体，结果用作升学参考；监测的主要目的是诊断和预警，对象是指向整体，结果用于教育决策和教育教学的改进，无证据，不决策。

其次是内容不同，统考重点考查学生知识、能力、素养水平，监测除此外，还设置师生相关因素问卷测试，关注影响学业质量的各种因素。也就是说，统考大都只考查学生的智力因素，但我们还可以监测出学生的非智力因素等影响因子。

正因为有这些不同，所以统考用试卷，监测用工具。

那么，问题又来了。监测为什么不是试卷而是工具？

试卷的分数具有偶然性，语文上周考 120 分，这周考 90 分很正常。之所以偶然性很大，是因为试卷的容量有限，考这道题和考那道题，结果截然不同。考试状态也是一个方面。但考试只能如此，因为统考指向所有学生个体，他们必须全学科参加，时间有限，题量有限，还必须甄别出高下。

监测为什么叫工具呢？因为工具测量，就像一把尺子一样，任何时候测量都是一样的，具有极大的稳定性。监测工具必须具有稳定性，才能建立结构化的、多维的、可连续追踪的海量数据。那么，如何保证监测工具的稳定性呢？

因为监测不指向学生个体，我们可以等比例抽测 A、B 卷，再抽测少量的锚题 C 卷，锚题 C 卷由 A、B 卷合并而成，通过锚题 C 卷把 A、B 卷难度关联起来。

这样下来，我们基本做到要点全覆盖，然后以等概率随机抽样的方式，让区域学生参加某一门学科的某一份试卷测试，这样全覆盖的试卷就成了工具。我们还可以对分数进行处理，比如把每年大市的分数锚定为 500 分，其他的分数相应进行处理，这样的量尺解决了多次考试、不同学科以及难度不一的问题，使得所有的分数都能在同一个量尺上衡量。我们还有纠错机制，可以通过多轮测试剔除一些不好的题目，甚至在考后把区分度不好的一些题目删除。因为最终得出的是量尺分，所以并不影响我们的分数，也不影响工具的精准度。

但考试就不行。某省 2018 年高考，英语试卷的难度设置出现问题。为了补救，某省教育考试院对分数进行了加权处理。事件发生后，省教育厅厅长和考试院院长等一大批人被处理。

监测因为低利害，而且不指向个体，所以我们可以稳定地通过大数据精准测量出学生整体的学业质量，再结合师生相关因素的考察，就能找到影响这个学业质量的真正原因。

我们为市教育局、区域和学校提供精准科学的大数据分析报告。用大数据支撑的实证数据告诉你，影响孩子学业质量的相关因子究竟有多大，我们能不能够承受。

我曾经对监测不以为意。苏州社会版报告说"吃早餐的学生学业成绩更好"，我认为这个结论，我不需要看报告也知道。

为什么呢？因为不吃早餐，肚子饿了，听课效果肯定不佳；长期不吃早餐，对身体健康不利，当然不利于学习；父母不给孩子做早餐，这个家庭氛围大概率也不利于学习。所以这个结论，不吃早餐的孩子学业质量不如吃早餐的，对我没有附加值，没有意义。

但这是什么？这就是经验式教师的自以为是，这就是玄学的理解。吃早餐好，但究竟好到什么程度，我知道吗？我不知道。我也不在乎。很多人都是差不多先生，不在乎精准。

我想起了北大附中的选课币制度。两个人同时要选油画课，老师只想选兴趣更浓厚的学生。怎么选？用传统的方法，我们无法衡量谁更热爱油画。所以北大附中学生在选课之初都有 100 个相同的选课币，学生需要将这 100 个选课币分配到不同的课程上，但只有这 100 个选课币，你必须独立自主地权衡和取舍，花费选课币把你的兴趣量化出来。老师一看就明白，这个花费 60 个选课币的孩子，肯定比花费 32 个选课币的孩子更热爱油画。因为选课面前没有贫富，大家都有且只有100选课币。

我这样说，大家都已经弄明白了。很多人可能只知道结论，但我们用大数据把这个结论量化了。我们清晰地告诉你们，如何高质量地提高孩子们的教育质量，如何让老师们的努力更有方向、更精准，如何让孩子们的努力摸得着、看得见。

我们告诉家长的，不仅是"吃早餐的学生学业成绩更好"，我们还通过大数据发现，每天都吃早餐的学生学业成绩为508分，而从不或极少吃早餐的学生学业成绩仅为441分，两者相差67分。进一步我们又发现，"家人每天在家做给我吃"的学生学业成绩最好，高达513分，与不吃早餐学生的学业成绩差距达到了72分。

在家中能在安静的独立空间中学习的学生学业成绩为510分，而在有干扰的开放空间中学习的学生学业成绩为479分，两者相差31分。

家庭藏书量超过200本的学生学业成绩为550分，比家庭藏书量仅为0~25本的学生学业成绩高109分。

比如地球人都知道过度使用智能手机对成绩有影响，但影响到底有多大？

我们监测大数据的结果显示，周一到周五，每天使用智能手机在0.5小时以下的学生，得分519分，使用手机超过3小时的学生，得分只有411分，其学业成绩相差高达108分。

再比如父母陪伴孩子还是隔代陪伴孩子？大家都觉得隔代教育问题多，但多到什么程度？

小学生中由母亲和父亲陪伴的学生，学业成绩分别是507分和493分。由祖辈陪伴的学生，学业成绩是480分。由父母陪伴的学生比祖辈陪伴的学生分别高出27分和13分。即便是把由妈妈和爸爸陪伴的孩子拿出来比较，爸爸陪伴的孩子也比妈妈陪伴的孩子少了14分。所以现在我们知道了，好妈妈胜过好老师，妈妈是孩子的第一任老师。

甚至老师的性别也对学生的阅读水平产生影响。小学阶段，语文老师的性别不同，也对学生的阅读能力产生显著差异，并且在 1% 的置信水平上表现显著。语文老师是女性的小学生的阅读总分均值比语文老师是男老师的小学生高了 16.1 分。

是不是做作业的时间越久越好？以小学六年级学生为例。周一至周五平均每天完成校内作业时间为 1~1.49 小时的学生的学业成绩是 506 分；学生完成作业时间达到 3 小时的，学生的学业成绩是 470 分。反而低了 36 分。可见血汗教育有时候只有血汗，没有教育。

还有，补课究竟有没有效果？如果有效果，效果究竟有多大？睡眠时间的多少对成绩肯定有影响，但到底影响有多大，能不能承受？这些科学实证的问题如果不研究，如果不认真分析，我们都将在黑暗中爬行，我们的教育将永远是摸着石头过河。

所以我今天说，我们可以过河，而且不必摸着石头了，所依靠的就是教育监测的力量。教育监测，一定会成为降维打击伪科学、主观臆想的有力武器，成为中国教育的新生力量。

教育领域的隐形冠军

德国是制造业大国,也是最具有工匠精神的国家之一。据说,德国有很多小企业,名不见经传,却是所属行业全球的"隐形冠军"。

何为"隐形冠军"呢?赫尔曼·西蒙在《隐形冠军:谁是全球最优秀的公司》中这样陈述:"这些企业要做市场领袖,坚持技术与服务两条腿走路,精耕行业某一细分领域,将大企业不愿做、小企业做不来的产品做到极致。"

虽然公众知名度不高,年销售额不超过50亿美元,但在细分领域中却是一枝独秀的存在。这是一个落寞的冠军,不轰轰烈烈,但稳扎稳打,实实在在,所以被称为"隐形冠军"。

譬如"凯叔讲故事",抓住孩子爱听故事的心理,深耕下去,听故事受众竟达到数百万之巨,靠着自己的一张嘴,年营收达到2个亿,不是隐形冠军是什么?

我听青岛一个朋友说,她先生服务的公司,只做产品的包装盒,竟然占领了全国近一半的市场。外行人看来不起眼的,却是惊人的存在。

这些看上去不起眼的小企业,无一不是在别人不注意的方面,下足功夫,精耕细作,把某项服务做到了极致。

不管你做的东西多么小众,但世界那么大,你所做的东西仍然能为无数人所需要。只要你做得足够好,能最大限度满足别人的需要。

借用"隐形冠军"这个概念,教师科研其实也可以另辟蹊径,专注于大名师不愿做、普通老师做不了的领域,努力沉下去,认真做出来,也可以成为教育科研领域的隐形冠军。

我了解的一位老师，着眼于教学的组织形式这个微观层面，从一口井深挖下去，终于挖出了甘泉，滋味甜美。

过去我们认定教育的目的就是改变人。既然是改变人的，课堂价值对老师而言是为了"教会"，"教会"了自然就改变学生了。对学生而言则是为了"学会"，"学会"了自然就是被改变了。

但问题是，很多时候，老师和课堂都不讨学生喜欢。教师"剃头挑子一头热"，对老师的艰辛付出学生并不领情。如果学生本人拒绝，任何课堂将变得毫无意义。

从这个意义上说，教师无法按照教育的意愿改变人，人的改变是自我意愿，是自我选择。人之所以能，是因为相信能。所以，教师的全部使命，是为了把教育意愿转变为学生的个人意愿。表现在课堂组织上，就应该把课堂的他组织转变为学生的自组织。

从数学学科入手，这位老师开始了自组织课堂的变革。针对学生课堂合作学习的随意性、机械性、虚假性问题，提出"分层合作，问题伴学"的教学主张，强调以学习者为中心，以思维为主线，形成了自组织的操作模式。

基于学情，以知识模块为单位，让学生提出问题。基于问题，进行一对一、一对五的小组活动，克服无问题的虚假合作。围绕重点问题，让学生独立思考，让做对的学生来讲解，或老师讲解，鼓励学生解题、答题和质疑，鼓励不同观点的碰撞，强调有深度的合作。基于问题，分层合作，串组交流，并组织开展学生评课活动，回归真正意义上的能力本位，克服合作学习中优生不优的难题。

自组织的驱动，使得学习的动力因素发生了翻天覆地的变化，教育质量产生了巨大飞跃。它帮助学生在各级各类比赛中都获得佳绩，最终获国家级教学成果奖。

还有我的朋友常丽华，当年在干国祥老师的指导下进行晨诵课程的开发。晨诵究竟诵读什么呢？

在很多人眼里，这并非一个大问题。但常丽华深入钻研，最后确定以二十四节气为线索，根据四季变化来学习诗歌。同时结合每个节气的诗画、汉字、书法、考古、对联、民间故事、民俗等让孩子们感受诗词的温暖和气息，完整地穿越了一整年的变迁，触摸到不同节气背后诗人的伟大的灵魂。

一年下来，所有的孩子真正穿越了二十四节气，穿越了二十四节气的传统文化，成为"在农历的天空下"栖居的真正的中国人。

这就非常了不起了。什么是课程？课程就是道，就是一条条路，就是从这一条条路上走过来的人，走过来的人就是课程。一个经历过农历天空下的人与从没有经历过这个课程的人肯定是不一样的。这就是常丽华的意义。她也从一个隐形冠军成为一个真正的冠军。

教育科研的边角料很多，如果我们青年教师选择自己感兴趣的一块，深入钻研，咬定青山不放松，或许就能打开局面。未来融会贯通，极有可能就成为隐形冠军，成为某一领域最厉害的人。成为一个厉害的普通人，不是很好吗？

教育情怀为何是第一位的

有一次评讲学生的作文,我让一个学生朗诵她的大作。一开始,她扭扭捏捏,再三推脱,但最终还是同意了。

谁知道她朗诵到一半,突然有一个女生小声说——文章是抄的,抄的!

我的脑袋一炸,她也明显迟疑了一下,磕磕巴巴的,但还是挣扎着往下读,下面的声音越来越嘈杂,同学们交头接耳……

在这危急关头,我灵机一动:"同学们,安静下来——感谢某某给我们推荐了这篇好文章,还声情并茂地为我们诵读,我们应该好好地品味。"

教室里安静下来,质疑声没有了,渐渐地我们都被带入美文中,享受了一次文学的盛宴……

看到小姑娘从小兔般受惊的神情再到如释重负,我似乎明白了一些什么。课后我没敢去找她,就让这件事过去吧。但在心里,我隐约认为我这件事处置得很漂亮,每每想起都得意不已。

直至很多年后的一次聚会,该女生偷偷告诉我,当初她朗读的那篇文章根本不是抄来的,就是她自己的原创。

我惊讶极了,结结巴巴地问:"为什么?为什么会这样呢?"

她告诉我,那个说她抄袭的女生,一直妒忌她,到了后期,甚至发展到不能听她说话,她一说话,那个女生就要发飙。

"那你当初为什么不申辩?为什么事后也没有告诉我?"我还是不明

所以。

她说:"我的确受了很大的委屈,但我还是选择承受,我不能把您的一片好心糟蹋了。与其让您失信于学生,不如让我自己承担小偷的罪名,尽管这个罪名一度让我辗转反侧。"

一刹那,我惊呆了,眼睛也湿润了,嗓子发干。多么好的孩子,多么善良的孩子,为了老师的面子,宁肯自己背上抄袭的骂名。而我,却把自己一次拙劣的表演当作一次成功的挽救,还念念不忘,以为是自己的教育智慧拯救了一只迷途的羔羊。

由此我想到,在我的教育生涯中,像这样自鸣得意的蠢事不知道还有多少,也不知道伤害过多少孩子稚嫩的心灵!

回头再慢慢反思这个案例。

首先,当我说出"感谢她给我们推荐了这篇文章"时,一切都不可逆转了。因为"推荐"的语义极其丰富,至少有五层含义。

第一层,我认定这篇文章不是她写的。

第二层,这篇文章不属于抄袭,而是推荐。

第三层,她推荐的这篇文章是一篇好文章。

第四层,她给我们推荐了一篇好文章,我们应该感谢她。

第五层,以后有类似的好文章,鼓励其他同学多多推荐。

那么,究竟是什么使当初我认为的"神来之笔",从"精彩极了"到"糟糕透了"?

原因很简单,我没有想到教育的复杂性,我只想到要给她找台阶下,没考虑事实的多样性。

我们不妨做这样的假设。

假如抄袭的事实成立,我说成是推荐,作为临场反应,虽不失为机智之举,但仍然欠缺人文关怀,违背了教育应有的价值追求。

在别的同学眼里,我是很好地维护了她,我也确实成功地为她解了围；但在她眼里，当同学们质疑她的时候，我缺乏对她的基本信任，事实上与其他同学站在同一立场，不假思索地认定她是抄袭，而且没有给她辩解的机会，对她一棍子打死。

一个学生，一旦认定老师对自己不再信任，这个打击是致命的，很可能这个孩子从此一蹶不振，破罐子破摔。

假如抄袭的事实不成立，或者是学生检举有误，或者是她有所借鉴，但并不属于真正的抄袭，那问题就更大了。

我自作聪明的一个小小举动，实质上成了"诬陷者"的帮凶，不仅助长了栽赃的恶劣风气，而且对她构成了精神虐杀。她会认为自己是众矢之的，是可耻的小偷，是舞弊分子。心里的重负可想而知，严重者甚至会酿成大祸。

更重要的错误还有两处。在事情发生之前，尽管学生再三推辞，不愿意朗读自己的作品，但我为了评讲效果，执意让她朗读，对她不够尊重，也不够民主。

更可怕的是，事情发生后，我又没有深入了解，查明事情真相，仅仅凭着课堂上"她苍白的小脸，胆怯的样子"，我就直接判处她犯了"抄袭罪"，只是出于保护她，给了她一个"缓期执行"，才没有深入追究。

如果她抄袭了，我这是纵容和袒护，没有起到真正的教育作用；如果她没有抄袭，我这是滥杀无辜，制造冤假错案！

还有，就算她抄袭了，正常情况下，别的同学也不大可能向老师检举。那么，那个孩子为什么检举？她们之间出现了什么问题？这种检举该不该提倡？属不属于告密文化的一部分？老师对这种检举的态度是什么？这些我都没有深入思考，那时候，我还是太年轻了。

事实上，我错过了一次极好的教育机会。比如，当时，我可以告诉同学们，我听到他们的议论了，但还是请他们安静下来，欣赏这篇优美的文章。

在她朗读完之后，我会带着同学分析这篇文章的美妙之处，感谢她让我们欣赏了一篇优美的习作。

然后，我才回应同学们的疑惑。

首先，演员走红毯，常常会"撞衫"，文学作品也是如此，也有巧合。因此作品末尾常常有一句话——如有雷同，纯属巧合。这一方面是怕人家寻衅问罪，一方面也因"英雄所见略同"做个声明。

其次，就是借鉴。借鉴有什么关系呢？借鉴有什么不好呢？创作从借鉴开始。

巴金借鉴《红楼梦》创作了《家》，鲁迅借鉴屠格涅夫《干粗活的人和双手白净的人》创作了《药》，鲁迅甚至直接借鉴俄罗斯的同名小说创作了《狂人日记》……

可以说，没有借鉴就没有创作，借鉴是同学们走上创作的一条康庄大道。

最后就是抄袭，旗帜鲜明地说，我反对抄袭！但界定抄袭和借鉴并不容易。很多事都是仁者见仁，智者见智的。

总之，有句话我当时一定要说，作为老师，我了解这个孩子，我相信她，我对她投信任票。

教育公平的另一个维度

近读历史,获益良多。

中国从隋炀帝开始开科取士,开了人才选拔的先河,但又对考生资格进行限定。此后几朝几代,基本上萧规曹随,证明这些限定非常理性,获得后来者的极大认同。

那么,科举对报考人员究竟有哪些限定呢?

简单来说,古代读书人报考科举,需要"投牒自进"。所谓"牒"就是身份证明,明确规定倡优、商人、隶皂这三类人,不仅本人没有报考资格,而且三代之内的子弟都不允许参加科考,否则严惩不贷。

探究这种规定的背后深意非常有意义,也给教育思考提供另一种向度。

这几种人在古代都属于贱民,出身不清白。

倡优即使受到皇帝百般宠信,但仍是贱民一个。

商人社会地位极低,隋唐时期的"士农工商","商"排最后,"万般皆下品,唯有读书高",士人自然排第一;因为重农抑商,吃饭很重要,所以农民的地位也不低;工匠玩弄机巧,所以手艺人排名也不行,开明如韩愈也说:"巫医乐师百工之人,君子不齿。"

科举的目的是选拔文官,"朝为田舍郎,暮登天子堂",读书人一旦科考及第,立马就光耀门楣,光宗耀祖。从科举考试本身来说,如果是贱民出身,不但读书人自己难堪,也会影响科考的神圣地位;从未来发展来说,科举选拔的人才将来多数要成为官员,如果出身有污点,在处理政务时，难免授人以柄，不能震慑庶民。

但这只是表面原因，更深层的原因则是防患于未然，先切断这些人做官的念想。

为什么要这样决绝呢？

首先是倡优。倡优就是戏子，我认为，古人拒绝倡优科考的主要原因在于其善于伪装。俗话说，婊子无情，戏子无义。一个演戏之人，以表演为最高追求，人生如戏，戏如人生，怎么能坚守自己的职业本分？怎么能诚实做人，真实待人，踏实为官？

其次是商人，拒绝商人科考的主要原因在于牟利。商人的最高追求是赚取金钱，正所谓"无商不奸""有钱能使鬼推磨"，商人总想把别人荷包里的东西装进自己的口袋，总想把自己的利益最大化。这种基因一旦深入骨髓，再想清清白白做人，干干净净做官，难啊。

最后是隶皂。隶皂就是差役和捕快，拒绝隶皂参加科考的原因在于恶行。差役的活儿，尤其是捕快干的活儿，在古人看来，那是不良之行，得罪人的活计。总是要抓人拿人，总是跟坏人坏事打交道，正经人注定不屑于此，只能让贱民去做。

做不良之事者，慢慢就成了不良之人。常在河边走，哪有不湿鞋。每天都用一双黑暗的眼睛盯着人，用阴暗的心理揣度他人，久而久之，心理不阴暗才怪呢。

蓬生麻中，不扶而直；白沙在涅，与之俱黑。

具有几千年选拔官员智慧的中国，以这种方式来杜绝文官源头的污染，或许也有它的道理。

想想封建时期，把希望寄托在官员自己的道德修炼上，让官员自省、自律和自励，简直就是做游戏，过家家，还不如从源头上解决问题。源头最重要的就是真实和诚信。

比如有的国家官员不许染发，一染发政治生命就宣告结束，因为他们欺骗了选民。一个人在头发上造假，大概率也会在政治上造假，玩弄权谋，这就是别人的逻辑理念，不容更改。他们能容忍克林顿和莱温斯基上床，但绝不能容忍克林顿撒谎。强如尼克松，一旦撒谎，照样一棍子打死，水门事件至今都是经典丑闻，原因即在于此。

回到教育的视角，认识这种观点，不无裨益。

人是相关联的，任何一个偶然的行为，一个经年的习惯，一个熟悉的环境，或者浸染在某一件事情之中，或多或少都会给这个人的品性带来影响。环境育人，系统也育人。

奈良有一所小学，教育方法别具一格。

在这所学校里，所有的孩子都不允许穿鞋子，而且一律规定都要穿白色的袜子。想想看，孩子们都穿着白色的袜子，在地上跑来跑去，对环境的要求有多高。地上一定要纤尘不染，干干净净，能照得出人的影子。

孩子们不能容忍一丝一毫的灰尘，这种对灰尘的零容忍，会慢慢濡染进孩子的内心，变成他们的一种习惯，进而成为一种文化，由对地上脏的不容忍，进而到对思想中不纯洁东西的无法容忍，道德洁癖就这样形成了，春风化雨，润物无声。

这些年，我去过很多学校，对一些学校最初如何崛起非常感兴趣，其中成都某学校给我印象很深。

几年前，某校长走马上任，成为这所薄弱学校的校长，他的做法很独特。

首先，是广而告之。上任伊始，先造舆论，"全国著名校长某某某要入主该校"，让老百姓感到诧异，究竟谁是某某某，然后关注这个人，关注这个人的办学理念。

其次，是炒作办学理念。"让成功人士的子女更成功"，这个理念一出来，褒贬参半，两方对垒，吵得不可开交，校长需要的就是这个效果。

校长还引进西点军校和伊顿公学理念，对孩子进行形体塑造，让男孩子充满刚毅之美，让女孩子有飘逸温柔之美，特别是在伊顿校服基础上改造的学生校服，漂亮至极，休闲服、运动服、礼仪校服都是标准配置。

学校集体住宿，学生放假回家不带书包，每人一个拉杆箱，如同机场归来的空姐和空少，男生个个都是绅士，女生个个都是淑女。

回家一趟，父母们都惊呆了，孩子完全变了，脱胎换骨，由里到外。在这个基础之上，校长启动了课堂改革。孩子们的成绩直线上升。

三年不到，这所学校一跃而起，成为当地学生报考最热门的学校之一，学生报考差点把大门挤垮塌了。

这个心理我们不难理解，譬如一个大大咧咧的粗鲁女人先买了一双漂亮的鞋子，为了相配，于是买了一条裙子，接着又买了一件衬衫，再就添了一枚胸针，买了一个发卡，化了一个淡妆，接着就是女人变得温文尔雅了，整整一天没说一句脏话。

破窗效应告诉我们：如果地上很脏，我们就会乱扔垃圾，乱吐痰；如果地上洁净干爽，我们就会爱护环境，小心翼翼。入芝兰之室，久而不闻其香；入鲍鱼之肆，久而不闻其臭。

所以然者何？因为自己已经成了环境的一部分，近朱者赤，近墨者黑。这就是环境教育学。

男人西装革履，再累也不会一屁股坐在地上；女人衣衫褴褛，再时髦也不会娉娉婷婷地去走猫步。

身体健康，往往就会精力充沛，斗志旺盛；体弱多病，常常就会灰心失望，一无所求。这就是身体教育学。

状态大于方法，方法大于苦学。每个人的生命都需要一种状态，需要一种精气神，精神抖擞，气壮山河，神采飞扬。但这种状态或多或少会受到自然环境和社会环境的影响。

为了呼唤这一种精神状态的来临，每一个教师都需要承担一种责任和使命，我们有理由在我们的三尺讲台之前，创造属于我们的56号教室。

师生围绕着伟大的真理，兴味盎然，兴发感动，生命勃发。金色的阳光照耀着我们每一个人，我们被伟大的知识笼罩，我们经历了前人原初获得知识的惊叹和战栗，我们如此幸福，静静地流泪。

这个时候，我们就能说，我们的课堂是润泽的，我们缔造出了完美教室，它代表着教育的所有。

教育到底有没有真谛

记者问：何为教育的真谛？唐江澎校长的回答是：好的教育应该培养终身运动者、责任担当者、问题解决者和优雅生活者。

很快，这些话因为说到了社会的痛点上，被人们齐声叫好。唐校长的话赢得了社会的广泛认同，但也有少数人认为是唱高调。

其实唐校长说得挺保守的，虽然是即兴发言，但他仍然加了两个限制语。一是"好的教育"，如果现实没做到，就很难说是"好的教育"，或者说离"好的教育"还有一点距离。二是"应该"，应该是应然，不是实然。所以唐校长的表述很好，没问题。

很多人批评现在的教育，但不能否认，我们有很多教育人都在努力，虽不能改变大的气候，但能在力所能及的范围内改变一些生态。

比如唐江澎校长，这四个"者"就是锡山高中的学生培养目标。这些都是每天在活生生地发生的东西。改变校园，需要的是水滴石穿的力量，一年树谷，十年树木，百年才能树人。

唐校长在锡山高中开了那么多选修课，让孩子们随手都能拿到书读，每天一节体育课。他们关注孩子的身体健康，那么多的孩子同时进行俯卧撑，在这样的集体之下，孩子们是会努力的，这些努力不知不觉就会转化成孩子的运动素养。

更重要的是这些运动会塑造形体，让男孩子健康挺拔，让女孩子亭亭玉立。这些孩子一旦经历过美，有了美的高峰体验，或许就会成为终身运动者，这就在力所能及的范围内改变孩子了。

福建师范大学的孙绍振教授可做另一佐证。

20岁那年孙绍振考入北京大学,正是风华正茂的年龄。老北大有个传统,实行军事化教育,学生上午长跑1500米,下午长跑1500米,这让孙绍振苦不堪言,恨得不得了。

本科4年,北大助教1年,孙绍振整整跑了5年。5年跑下来,逐渐形成了一个铁律,从此他根本停不下来。从北方到南方,这一跑就是50多年,一直跑到70多岁,孙老师跑出了一个硬邦邦的好身体。

叶圣陶老先生说:"什么是教育?简单一句话,就是要养成良好习惯。"真是至理名言。身体才是本钱。孙老先生一直到80多岁,讲课还是腰板挺直,走路迅疾,坐如钟,行如风,声音洪亮,中气十足。这就是终身运动者的价值。

前几天我回母校张家港市外国语学校办讲座,许文琴校长问我用的是什么手机,说学生要送我一个手机壳。之后便收到由学生写生制作的手机壳,装上后非常合适。我觉得这是我最有味道的一个手机壳。

许文琴校长的专业是美术,每年她都会带学生出去写生。有趣的是,她会带着学生挑选出最好的一幅写生,鼓励他们做成手机壳送给父母。写生是教书,但引导学生把作品做成手机壳送给父母,这是育人。

有一个小姑娘叫蒋妮均,她把自己的作品制作成一条漂亮的丝巾,在自己生日那一天送给妈妈。

外国语学校有一个暖心的房间,墙上张贴着三个画屏,分别是"今天我生日""生日快乐""我们都是一家人,我爱我家"。在每个孩子生日的那一天,学校大厨都会给孩子做一碗好吃的长寿面。共同生日的孩子就在一起欢度,其乐融融,其乐熙熙。

这一天会成为孩子生命中光彩夺目的一天。正是在那一天,蒋妮均把这个作品送给妈妈。妮均妈妈感动得热泪盈眶。我相信这是她妈妈此生最美的一条围巾,没有之一。任何妈妈看到都会眼馋。这也是最好的亲子教育。这样的故事被一次次讲述，就会影响更多的孩子。

由此出发，孩子们进行文创比赛，给全体老师设计手提袋，设计雨伞，还有各种各样的文创产品。

当老师们拿着学生设计的手袋，撑着学生设计的雨伞，靠着孩子做的抱枕休息，整个校园里弥漫的是什么？是一种浓得化不开的师生情。师生关系也是生产力，在这样的教育生态之下，什么教育难题不能破解呢？

让艺术点亮生活，外国语学校还举办"绘生活"时装秀。学生们隆重登场：有的在衣服上作画，把作品穿在身上；有的在饰物上染色，用作品点缀生活；有的变废为宝，为杂物注入了新的灵魂……一件件展示作品闪烁着学生们的灵感和创意。爱校园，爱生活，也爱人间万物。

"绘生活"工作坊提高了学生的艺术感知能力和艺术品位，让他们眼中有景，手中有画，心中有爱，让艺术与生活无缝对接，水乳交融。

这些作品最后会被拍卖，拍卖所得全部捐赠给社会最需要的人，这样又把公益的种子种在孩子小小的心田上。他人有心，余揣度之，无穷的远方，无数的人，都与我息息相关。

一次简单的写生，一个灵感的迸发，衍生出一个小小的手机壳，衍生出一条美丽的丝巾，衍生出各类校园文创，再衍生出"绘生活"的艺术课程。这就是教育，这就是唐校长所说的"优雅生活者""责任担当者"。

育人常在细节中。细节中浸润着的伟大力量会慢慢改变孩子。改变一个孩子，就会改变一个家庭；改变一个家庭，就能影响一个家族；影响一个家族，就能影响一个区域。中国是差序格局，这个影响会不断放大。

当所有的改变汇聚在一起，这就是静悄悄的革命。我们绝不能做一个虚无主义者，而应该坚信，教育需要一场革命，而每一次革命都应该从我开始，进一寸有一寸的欢喜，成功不必在我，而功力必不唐捐。

教育，不能都教有用的东西

一、文学最大的用处就是没有用

在诺贝尔奖晚宴致辞中，莫言说了一句意味深长的话："文学和科学相比较，的确是没有什么用处，但是文学最大的用处，也许就是它没用处。"

教育也是如此。

执着于有用还是无用，不过是一种偏见，对人生没有丝毫价值。有用和无用都是相对的。

在他有用，在我可能就无用；此时无用，彼时或许有大用。饥渴之人，有用的是一杯水；饥饿之人，有用的是一碗饭；对于伤心之人，一个无言的眼神和一个紧紧的拥抱，或许就是无价之宝。

二、很多弯路是人生的必修课

庄子和惠施关于"无用"曾有过一次经典辩论。

惠施对庄子说："你所有的言论都是无用的。"

庄子说："懂得无用的人，才可以同他谈有用。譬如大地，不能不说它既广且大，但人所用的只是立足之地而已。可是如果把除立足之地之外的大地挖掉，直通黄泉，那么人的立足之地还有用处吗？"

惠施说："无用。"

庄子说："那么无用的用处也就很清楚了。"

没有无用之物，有用之物也就失去了依存之所。

某重点大学的一名大学生,有一天愤愤不平地对他的辅导员说:"大学四年期间,我所学的东西,都是无用的。"

辅导员只问了他一个问题。

如果没有这四年,请问你能否独立完成一篇高质量的本科毕业论文?

学生哑口无言。皮之不存,毛将焉附?

很多时候,一些东西看似无用,但在你追求它的过程中,你所获得的思维锻炼,由感性到理性的认知过程,甚至你所走过的弯路,你的绝望和痛苦,都成为你人生的必修课。

三、没有一种人生不需要旁逸斜出

当下教育最大的危害,就是不在乎那些无用的东西,以为给孩子无用之物是浪费孩子的生命。殊不知恰恰是这些无用之物,滋养了孩子的心灵,丰富了孩子的生命,能够给孩子的未来奠基。

没有一种人生不需要旁逸斜出,没有一种人生不需要摇曳生姿,也没有一种人生不需要悬念迭出!

我们却妄图设计好人生的每一步,精确无比,高效吓人。但设计好的人生,就算没有一丝一毫的差错,这样一览无余的人生,还有意思吗?

在成人看来,童年太幼稚了,是无用的。为了不输在起跑线上,我们把孩子的童年变成了压缩饼干,一口就吞了,使得孩子五彩的童年黯淡无光。当孩子穿梭于各种培训班的时候,往往缺失了和父母家人的相处。

要知道,所有的技能都是为人服务的,从小缺失了足够的亲子互动,未来是不可能创作出动人的艺术,也不可能制造出人们喜欢的产品的,更不可能领导好由人组成的队伍。因为人性是一切的基础。

看看现在的一些孩子,小小年纪不知道捉迷藏,不知道过家家,不知道掏蜂窝，不知道光滑的石井栏、高大的皂荚树和紫红的桑葚。没有了百草园，孩子们只有三味书屋，只知道兴趣班、特长班和考试课，结果单调乏味。

很多孩子就像小老头一样，一个个背着硕大的书包，暮气沉沉，还没真正入学，就已经产生了上学恐惧症，每天都做噩梦。

在孩子的学习期间，我们又按照考试的分值，人为地把一些课程分为主科、副科和无用科。比如体育、美术和艺术课，因为不计算在考试成绩之中，就被划分为无用的科目。

无用的学科当然不受重视，常常被挤压，被忽视，被取消，于是，除了考试，除了分数，有的孩子脸色苍白，心灵贫瘠，有知识没见识，有见识没胆识，成了有文化的文盲。

有文化的文盲比无文化的文盲更可怕，无文化的文盲，还有对知识的渴求，至少还有一副好身板。有文化的文盲，则永远失去了对真理的兴趣，一个个像豆芽菜一样，病恹恹的，烂泥扶不上墙。

有学者早就指出："自然界无跳跃。"意即自然界所形成的整体是完整而没有空隙的，其中的任何一样东西，都是不可少的。这种连续性与整体性，就是"无跳跃"，亦即没有任何东西是全然无用的。

人类历史上最伟大的进步，不是蒸汽机的发明，也不是工业革命的爆发，而是从第一个人发现一朵花的美丽开始，花朵既不能充饥，也不能御寒；但人的灵魂第一次被它穿越，这是对实用主义的摆脱，是心甘情愿地对美低头，因而成为人类智慧觉醒的第一步。

四、上帝喜欢沉浸在真理之中的人

什么是教育？

当你把学校教给你的东西都忘掉之后，剩下来的才是教育。

学校教给你的东西，很多都是有用的。但唯有剔除这些有用的东西之后，在我们求索"有用"东西的过程中，我们的坚持、执着、勇敢和爱……这些貌似无用的品质，乃是我们走向未来的必备品格和关键能力。

美术和音乐，真的没有用吗？当一个人沉浸到艺术之中时，他的生命是完整的、和谐的、圆润的，自然也会忘记现实的有用性，忘记社会上功利主义的不能承受之轻，也就是在这个时候，我们的教育才真正发生。

爱因斯坦沉浸在小提琴的艺术氛围中，获得了巨大的灵感和想象力，而想象力是一切创造的伟大源泉。我们甚至可以说，没有小提琴就没有伟大的爱因斯坦。物理学大师海森堡则认为，物理世界的"真"和"美"是统一的，科学的最高境界，也是一种美的境界。

还有"钱学森之问"，为什么我们的学校总是培养不出杰出的科技创新人才？

原因当然有很多，但最重要的一点就是，我们太浮躁，太功利了，我们目光短浅，直奔主题，我们坐不了冷板凳，忍受不了寂寞和孤独的撕咬。

可是，上帝只宠爱沉浸在伟大真理中的人，而讨厌沉浸在名利之中的人。

有人问逻辑学之父金岳霖，为什么喜欢枯燥的哲学。金老回答说，因为它好玩。

一切创造都因为你发自内心认为它好玩，好玩是学习的生死密码。当我们的孩子觉得学习一点也不好玩的时候，我们的教育就已经死了，而且永远不可能还魂，不可能死灰复燃。因为无趣、不好玩是灵魂的死，无法医治。

可是，我们觉得还不够，除有用之外，我们又增加了一条——有用的东西，必须高效学习。所谓高效，就是机械化，快速吸纳，当堂消化。

连老黄牛都知道囫囵吞下去的东西，还要吐出来反复咀嚼，才能获得营养。我们却不懂得，或许也不想管，只是丧心病狂地填塞，管他春夏与秋冬。最后，我们所有的孩子都得了厌食症，尽管吃得很多，但全都营养不良，风吹就倒。

很多年前，胡适曾经说过："今纵观留学界之现状，可得三大缺点焉：一曰苟且速成……二曰重实业而轻文科……三曰不讲求祖国之文字学术。"导致这三点的原因，就是国人急于速成，只要结果，不要过程。而最终带来的恶果，就是学界思想力欠缺，文明的发展缓慢。

而一个真正的世界强国，一定会给世界提供新思想，一定具有文明输出的能力。这才是我们未来努力的方向。

只有爱也没有教育

顾明远先生说:"没有爱就没有教育。"我要补充一句:"只有爱也没有教育。"

我并不是反对爱,只是认为爱是基础性的东西,并不能包治百病。

老师的职业精神和专业素养对学生的帮助更大。但在职业精神和专业品质之前,爱还是必要的。只是很多老师的爱是狭隘的,爱而不得其门。

那么,老师究竟该怎么爱学生呢?

常有老师挥舞着试卷,这样抱怨学生:"我这样爱你们,我为你们付出了一切,你们就这样报答我?你们对得起我吗?"

这个时候,学生低着头,默无声息,像海水退潮一样。

还有老师困惑地对我说:"我也爱学生,可为什么学生并不领情?"

是啊,同样是爱,为什么差距那么大呢?答案并不复杂,你只需问问自己:"我究竟为什么而爱学生?"

很多时候,我们对学生嘘寒问暖,问长问短,但满脑子私利。甚至不客气地说,我们之所以对学生好,就是为了让学生信奉我们的学科,多砸些时间给我,以增加我的平均分,好让我比别人"多收三五斗"。

我们的爱,动机不纯,爱成了一个工具,仅仅是一个工具,我们只是拿它来交换学生的成绩。一旦不能如愿,我们就撕下了温情脉脉的面纱,露出了本来面目。试问,这样的爱,哪个学生会稀罕?

想起了过去的一件事。那个时候,老家评职称还需要考英语。有一天我在办公室里，几个老师考试归来，兴高采烈。他们就在办公室里，大声交流自己的应付考试的经验。

有个老师的抄袭别具一格，她把答案做成长纸条，卷起来，像间谍人员偷拍的胶卷，每个答案只填写第一个字母。考试时，按图索骥，对号入座。尽管不懂英文，照样考得风生水起……

正在这个时候，这个老师的班级有一个学生考试抄袭，被抓了现行，报到班主任这里来了。于是，这个老师作痛心疾首状，义正词严、苦口婆心、声泪俱下地教育那个学生，整整教育了一个下午。

"你考试成绩不好，只能说明你的成绩暂时不好。但是，一旦你选择抄袭，这就说明你做人有问题了……成绩不好并不可怕，但如果做人有问题了，你还怎么在社会上立足啊，你，你，你……"

我默默地走出办公室，为老师这个职业感到可悲。当我们并不信奉真理的时候，我们还用什么来教育我们的学生？仅仅因为我们是老师，是老师的身份给了我们道德上的权力，还是班主任位置给我们的一种责任感？

正如弗洛姆在《爱的艺术》中所表达的观点，你爱你自己，爱你的爱人，如果这种爱不能穿越更广阔的空间，这种爱就是畸形的。老师对学生的爱，也是如此。当我们并不爱的时候，说爱是可耻的。

对学生的爱，不是教育策略，不是教育技巧，甚至也不是教育艺术，而是从心底自然散发出的一种芳香。

仅仅因为他们是学生，是成长中的人，他们和我们的孩子一样，需要大人的帮助和真挚的爱。如此而已。

曾经有一位波兰学者在参观帕夫雷什中学后说："我在这所学校发现了一个秘密，就是这所学校的学生是不怕校长的！无论苏霍姆林斯基出现在校园的任何地方，总会有一群学生围上前去，而这个时候，在苏霍姆林斯基的脸上就会呈现出孩子般纯真的笑容。"

这里的"不怕"，我把它理解成爱。苏霍姆林斯基纯真的笑容让人感动。纯真的校长也是孩子，他和纯真的孩子们一起，在校园这块净土上，聊天说话，甚至一块儿玩，他们都找到了人生的快乐。校园不仅成了家园，也成了乐园。

在这样的家园和乐园中，老师和学生一样感受到彼此的重要，感受到浓浓的情意，感受到舒服和舒适。他们深深地体谅着对方，关心着对方，理解着对方。老师和学生一样，在其中成长着，进步着，也爱着……爱体现出了"教学相长"的味道，我以为，这才是真正的爱。

教师之爱，不同于家长对孩子的爱，也不同于朋友的爱。这种爱，没有亲情的血缘，没有友情的依恋，却更有原则性和稳定性，它是教师必须承担的专业责任和履行的道德义务。

"只要爱才是最好的教师，他远远超越责任感。"责任感是死的，爱却是活的，生长的，葱茏的，鲜艳的，让人难以忘怀、终生铭记的。

华东师大的陈桂生老师说得好："虽然没有必要要求教师爱所有学生，但教师不应对学生冷漠。我们有理由要求教师以善意对待所有学生，决不容许对任何一个学生怀有恶意；也有理由要求教师尊重所有学生，决不容许教师以任何方式侵犯学生的人格尊严。还有，老师必须关心爱护那些弱势学生，而且对受到关爱与援助的人，不存怜悯与恩赐之心，不失善意与尊重之心。"

让我们爱学生吧！以必要的方式，以对等的爱，深入每一个心灵；以真挚的爱，化解顽童之愚顽；以真情的爱，抚平受伤的心灵；以平等的爱，温暖每一个学生。这份爱，如此细腻，如此温柔，如此耐心。

在巨大的职业生命的长河中，相信教育是慢的艺术。要以极大的耐心，关注孩子的心灵，尊重学生的感受，时时刻刻想到孩子一生的长远发展。

倾注心力发现和创造一切机会，帮助、引导和促进学生发现自身潜力，进而在与外在的积极互动中，认识自我，找到自我，获得自我肯定与内心的尊严感，并由这种尊严感引导，建立起坚定的道德信念，表现出持之以恒的道德努力。

相信这样的爱，会让你赢得学生的爱。桃李不言，下自成蹊。尽管这种爱，并不是你最初的期许，但依然可以看成意外的奖赏。

什么才是最好的课堂

关于什么才是最好的课堂，可能很多人的见解不一样，很多学科的标准也不一样。但课堂都是相通的，真正的好课堂是经得起推敲的。

著名学者柳夕浪在《教学成果这样培育》一书中记载了一堂数学课，很有意思。课堂简述大致如下：

课前，学生集中精力，准备战斗。老师进堂，关注每一个学生，战前巡视。课堂伊始，老师亮出学习目标。

1. 理解并识记"移项"的概念。
2. 会用"移项"的方法解一元一次方程。

然后老师出示自学指导，何为移项？移项为何要变号？看例子思考移项后要注意什么？

6分钟之后，老师要求学生按照自学指导来自学，学生明确目标，投入战斗。大家边看、边想、边记，谁也没有抬头，一会工夫就解决战斗了。

老师这时候提问，学生高兴地举手，全部准确背诵。

然后进入自测环节：10道练习题。学生立刻投入解题中。几分钟之后，学生大多解决战斗，脸上露出了胜利的喜悦。

老师公布答案，学生自我检测评分。老师了解到，满分的学生有40个人，夸奖了他们。还有2个没有全做对的学生，老师用白板放大了他们的答案之后，师生一起评改，讨论错在哪里。

剩下来的时间，学生当堂完成作业。

很多人认为这样的课堂是好课。学生喜欢这样的课，他们高效学习，一丝不苟，增强了自信心、责任感和竞争意识，获得了尊严和成功的喜悦。

听课老师也喜欢。有一位老师甚至感慨："这节课上得太好了！学生有精神，会学习，当堂理解、记忆，当堂完成作业。"

柳夕浪的点评却是：我作为非数学专业教师，看了上述教学片段，并没有高兴起来，总感到"移项"的意义、背后的数学思想没有向学生讲明白、说清楚。

数学是思维的体操，如果数学问题可以采用背诵之类的方式去解决，那可能就不是真正的数学问题和数学学科活动了。

也许，如此紧张严肃的"战斗"确实"磨炼了意志"，但首要的是"战斗"本身的意义和价值。即是否值得为此去"战斗"。我们能否引导学生在更有意义和价值的"战斗"中去磨炼意志呢？

这段话给我极大的启发，课堂的目标有高下之分，其境界也有高下之分，如果课堂没有思想，课堂不指向人的生命的丰盈和精神成长，仅仅让学生学习到了一些僵死的很可能一辈子也用不上的知识，其意义和价值在哪里呢？

但另外一个课堂，却让我耳目一新。

这是一个美术老师，上的是四年级的美术课。他是怎么上的呢？

他先向学生展示各种名画，让同学们说说感受。老师不做褒贬，只简单点评，这是第一步。

第二步，老师带着全班学生来到校园门口，观察门口的两棵月季树，只提了一个要求：就是运用色彩和线条，画出你对这两棵月季树的感受。画好了，老师随机找了几个学生的画作，师生一起点评一下就结束了。课堂显得轻松随意，貌似没什么大不了的。

让人万万没想到的是，第二课，老师仍然是同样步骤，只是欣赏的名画不一样，然后再让学生画月季树……第三课仍然如此。整整一年下来，所有的课都是要求学生运用色彩和线条画出对这两棵月季树的感受。不仅是画出树，是画出对树的感受。

到了期末，老师让学生把自己画的所有月季树，从头到尾装订成册。

神奇的一幕产生了。那两棵月季树在学生的画笔之下，突然有了生命，有白雪皑皑的月季树，有葱茏苍翠的月季树，也有繁花似锦的月季树，还有落叶萧萧的月季树……

当然，随着孩子的心境不同，画里有金黄的月季树，有黑色的月季树，还有红色的、白色的神奇的月季树。孩子的心境藏在月季树之中，但最关键的是，月季树长高了，孩子们不知不觉长大了，艺术鉴赏和创作水平也大大提高了，这是生命成长的课！

我被这个课堂深深迷住了，谁说我们的课堂是死水一潭？谁说我们的课堂戴着镣铐跳舞？你无须回炉重造，只要你具有创造力，你的教室就可以是56号教室，你的课堂就可以是最美课堂。

你的课堂你做主。作为老师，你能够让你的课堂成为地狱，万马齐喑。你也可以使你的课堂光芒四射，无与伦比，成为真正的天堂。

教师的平庸之恶

二战结束之后，在对纳粹恶魔艾克曼的审判中，控方提供了海量的材料，希图证明艾克曼杀人如麻，是灭绝人性的魔头。

孰料阿伦特却提出一个截然相反的观点：艾克曼绝非一个残忍之人，他所犯的不过是"平庸无奇的恶"。

举世哗然！石破天惊！那么，何为平庸无奇的恶？

在阿伦特看来，有些作恶者之所以作恶，并不是因为他们本性邪恶，或者他们有什么特殊之处，恰恰相反，他们之所以做出令人发指的恶行正是因为他们平庸无奇，脑袋空空如也。

艾克曼就是这样的人，他并没有深刻的个性，仅仅是一个平庸无趣、近乎乏味之人。他亦步亦趋，脑袋就像别人的跑马场，除了跑马践踏过的痕迹，里面贫瘠如洗。他之所以签发处死数万犹太人的命令，只是因为他根本不动脑子，他像木偶人一般顺从、麻木和不负责任。这就是全部真相。

残忍的根源并不一定缘于仇恨，很可能只是冷漠；爱的反义词也不全是恨，很可能只是平庸。

一个平庸的恶魔足以毁灭一个世界。那么，这些平庸的恶魔究竟是怎么产生的？

在威权统治之下，很多平庸的个体逃避自由，躲到强大的权力卵翼之下，获得一种安全感。

这些沙粒般的孤独的个体，把自己拧在强大的机械之上，失去了自我思考和判断力，对公共事务置若罔闻，对他人世界冷漠敌视，进而摧毁了人与人之间的共同空间。这就会导致绝望和恐怖，导致人们互相之间的敌意，并逐渐把一个社会毒化为人间地狱。

每一个真正的教育工作者，读到这些话语，不可能不产生深刻的共鸣，很多教师早就堕落到平庸之恶的深渊，并逐渐成为恶的一部分，甚至要从恶中寻找出美来。

教师的平庸之恶，主要表现在：

一、灌输教育，把人当作容器

灌输式教育，又名填鸭式教育。教师目中无人，眼前只有一群被无形的大手捏住脖子的"鸭子"，教师只需把所谓知识的灵丹、应试的妙药，填入"鸭子"被迫张开的大嘴，就大功告成。

我们忘记了一个最简单的常识，教育的真正目的不是喂养有学问的人，而是造就能干的人。教育使人通过认识自己，趋向那绝对的善。为此，教师要不断爱护智慧，追求智慧，因为智慧能照料人的心魂，实现人的心灵转向。

但是当前的教师，对知识的狂热追求淹没了对智慧的渴望。教师辛苦工作，只是让学生学习大量的考试之后很快就遗忘的知识，学生努力学习并不是为了换取自身的最佳发展，而是为了得到他人看重的考试成绩。

一个显而易见的常识被忽略了。知识不等于见识，见识不等于学识，学识不等于胆识。也难怪我们培养出来的一些学生，有知识没文化，有文化没修养，不过是有知识的文盲，有文化的奴才。

作为真正的教育工作者，我们岂能忘记自己是心灵的工作者？

每个人都是教育的一部分，每个人身上的每一部分都是教育的一部分，当我们失去了教育的敏感，失去了润泽的心灵，失去了善良智慧的念想，我们也就不配做一名教师。

要知道，非人的教育，不可能培养出真正大写的人，更不用说培养走向世界的具有理性精神的现代公民。

当学生说出："来，快把你的不开心的事说给我听听，让我开心一下。"我们不幸看到，这个教育体制下培养出来的一些学生，冷漠自私，偏激狭隘，对权力的渴望就像吸血鬼对血的热衷。别人的成功，就是自己的失败。别人的痛苦，就是自己的幸福。自己没有鞋，恨不得别人没有脚。

当非人因素主宰教育时，教育得到的不是良知，而是虚伪；不是正义，而是邪恶。

二、高效课堂，把课堂当作了车间

不知道是谁提出了这个概念——高效课堂。

有人把打造高效课堂比喻成穿越玉米地，单位时间内，谁掰的玉米越多，同时被玉米叶子划伤的口子越少，谁就是高效的。因为其付出极小的代价，获得了最多的成果。

然而，教育不是掰玉米。一个显而易见的常识是，掰玉米最多的人，也许是当时最有成就感的人，却未必是将来最有成就的人。

教育即生长，除生长之外，别无目的。

一个"掰玉米"最多的人所获得的成就感，对他将来的人生成长，也许意义并不大。同样的道理，一个玉米掰得不多，被玉米叶划伤最多的人，或许他反而在懊悔、流泪、痛苦和伤心中获得了更多的体验，后者也许离教育的本质更近。

约翰·伯格说："没有伤口的生命多么不值得活。"

懂得了"教育即生长"，我们也就清楚了教育应该做什么事。智育是要发展好奇心和理性思考，德育是要鼓励崇高的精神追求和理想主义，美育是要培育丰富的灵魂和敏感的心灵。舍此，我不知道我们的教育本真在哪里。

一个优秀的大学生对自己的导师说，自己几年来所学大学科目将来都没有什么用，因而非常沮丧。

导师回答，如果你没有这几年的学习，你还能在半年时间轻松完成毕业论文并获得好评？

学生恍然大悟，心悦诚服。

有时候，根本不是所谓的外在知识，而是一个人在学习知识的过程中自身获得的成长，这就是"把所学忘掉之后剩下来的才是教育"最真实的原因。

生长本身即价值。

难怪卢梭提出惊世骇俗的言论："最重要的教育原则是不要爱惜时间，要浪费时间。"因为，误用光阴比虚掷光阴造成的损失更大，教育错了的儿童比未受教育的儿童离智慧更远。

更为重要的是，如果说教育即生长，那么生长最重要的就是要领悟，人的成长是一个曲折、艰难、千回百转的非连续性过程，一点也勉强不得。

即便是知识的获得，通常也是一个困难、艰苦、缓慢的过程。学生必须有充裕的时间体验和沉思，才能真切地获得融入生命的知识，自由地发展心智能力。这就是我们的教育为什么要慢下来、再慢下来的原因。

作为教师，必须学会慢，不急于求成，不急功近利，不希图一蹴而就，不妄想一日千里，永远抱着足够的耐心、足够的期待，摒弃一切教育浮躁，相信岁月，相信种子。这是教师的使命，也是教师的宿命。

三、分数教育，把手段当作目的

很多时候，教师为这些可怜的分数奔走，分，分，分，不再是学生的命根，而是教师的本钱。

考试哪里是在考学生，分明是在考老师，考老师的水平、能耐、承受力、脑神经。考试结果出来了，立马要"比"。比高低、比大小、比长短、比能耐，比得人心惊肉跳，比得人午夜惊魂。

考得好，就是英雄、能者、贵人；考得不好，就是狗熊、蠢蛋、东郭先生。分数就是硬道理，有分数就有地位，没有分数就没有尊严。

覆巢之下，安有完卵？

老师们个个成了乌眼鸡，恨不得你吃了我，我吃了你。谁都想在分数上比别人多收三五斗，哪个教师还能有平和的心态？

在种种厄运之下，在应试的烦恼和呻吟之中，分数不再是检验学生学习的一种手段，而成了教育的目的，并最终无可挽回地堕落为教育的唯一目的。

对此，张文质先生有一段很痛苦的感悟：

"我甚至有点惶恐地明白了一个简单的道理，我们最大的错误其实是前提错了，你无法乐观起来，你经常白费劲，最后的结果常常是你所有的努力中只有极少的部分有正面的价值，每一次，为了这极小的正面价值，你必须连带着也为'负价值'而付出心力，很多所谓正面的'教育行为'若细加审视，就发现'邪恶'和'不光明'的一面也都会'如影随形'。"

这个感悟，常常让我想起老鬼的《血色黄昏》，那里面描写了一大群热血知青，他们在大山里伐木垦荒造田，整整20多年的青春和热血都献给了大山，到了最后才知道他们所有的努力，都是对大自然最大的戕害，他们所有的热血青春所消磨的一切都应该被诅咒！

那么，我们呢？我们今天的眼泪、辛劳和汗水，是不是也是对学生的一种戕害？我们的教育是不是带血的教育？

当分数成了目的，而不是手段；当学生成了手段，而不是目的。这个答案显而易见。

四、竞争教育，把朋友当成了冤家

应试教育带来最大的危害，就是分数崇拜；分数崇拜带来最严重的恶果就是你死我活的竞争。

哪里有竞争，哪里就有杀戮。

我曾经去过一所学校听课，看到高三班级的后面墙上，贴满了学生的人生目标。

有的写"超过某某"，有的干脆就写"把某某踩在脚下"或者就是"多考一分，干掉千人"。最要命的是一个学生磨刀霍霍地写道："欲想成大业，至亲亦可杀！"……

我顿时毛骨悚然，仿佛置身于一个硕大无比的屠宰场。一个"至亲亦可杀"的人，为了达成自己的目的，还有什么做不出来的？

利令智昏，利欲熏心，不择手段……这些词语用在这些学生身上，似乎并没有什么不妥。

但这能怪我们的学生吗？

想想看，我们都给了他们什么教育啊。很多学校，只教书不育人，甚至不教书只教考。一些家长，为了让孩子在高考期间休息好，把小区里的青蛙毒杀得一干二净；一个送考的母亲出了车祸，居然让孩子心平气和地去考试，而孩子居然也理所当然地走了……

这样的社会土壤，这样的人生之树，能结出什么样的果子？

当整个社会都浸染在竞争的氛围里，孩子们一方面试着竞争，一方面必然会失去人情和人性。

而教育是什么？

教育不过就是交往，就是相遇，就是合作；就是发现自己，发展自己，完善自己，并找到一条最适合自己的幸福之路。为什么不能把这些同学当作自己最好的朋友,一同走在一条人生的路上,互相合作,互相帮助,互相欣赏呢?知识不是稀缺性的产品,不具有排他性。爱好不同,如同人面,有必要都去争那一杯羹吗?

但我们教师就如头羊一样,带着这一群黑压压的羊群走在一条不归路上。

很多教师把这一切归罪于我们的教育体制,却忘记了我们也是体制的一部分,而比体制更重要的是我们自己。或多或少,教育的不少乱象,有不少是我们自己造成的。

但我们还活在喧嚣和浮躁之下,在真正的教育本质被发现之前,我们的脸上都写着麻木不仁、丑陋不堪,却误以为我们是最高尚的人,在朗朗的太阳底下。

五、功利教育,把利益当成人生

人是社会的人,校园也不是单纯的象牙塔,社会的功利主义早已侵入校园的肌骨。

功利主义最大的特色就是注重眼前利益,鼠目寸光,效率至上。抓到老鼠就是好猫。正如托克维尔所说:"在功利主义社会中,人们相互之间没有任何联系,一心关注的只是自己的个人利益,蜷缩于狭隘的个人主义之中……对物质利益和享受的追求,便成为最普遍的感情。"

随着应试教育越演越烈,校园功利主义教育早已经泛滥成灾。重效益,轻体验;重结果,轻过程。重分数,轻实践;重成才,轻成人。教育逐渐浓缩为一句话:跑步建设应试体制,多快好省地提高分数。

学生被手段化,教师被工具化,教育被实用化,无限可能的教育空间不断被压缩,分数成为学生受教育的唯一目标,学生独立人格的培养、人文关怀的熏陶、审美趣味的涵养被驱逐出教育的视野,教育范围不断窄化。

一届一届的学子渐渐成为非理性的人,他们视野狭窄,世故圆滑,冷漠麻木,内心粗糙。

可以说,功利教育造就了一代单向度的跛子。他们是考分的富翁、情感的乞丐,应试的强者、精神的侏儒。既缺乏理性的认知,也感受不到丰富的爱,整个人成为一团模糊不清的生命。

在这个既无梦想也无悲悯的教育生态中,很多教师只能用规训主义大棒和功利主义大饼维持教学,一旦失去这些东西,课堂很快就会崩溃。教师早已失去了作为教育工作者的自然之心、赤子之心、宇宙之心。试问,具有这样体格和骨骼的教师,如何能培养出独立思考和独立人格的学生?

很多教师感叹说:"社会如此,人皆如此,本来如此,为什么大棒打在我的身上?"

鲁迅曾经反诘:"从来如此,便对么?"别忘了教师是一个社会的薪火传承者、一个时代的良心守护者。

柏林墙倒塌两年后,守墙卫兵亨里奇受到了审判。原因是他射杀了一名翻越柏林墙的年轻人。

亨里奇的律师为他辩护:"他仅仅是为了执行命令,别无选择,罪不在己。"然而大法官却坚持认为:"作为警察,不执行命令是有罪的,但打不准却是无罪的。作为一个心智健全的人,那时你有把枪口抬高一厘米的权利,这是你应该主动承担的良心义务。这个世界,在法律之外还有良知。当法律和良知冲突之时,良知是最高的行为准则,而法律却不是。尊重生命,是一个放之四海而皆准的原则。"

那么,作为教师,我们也完全有"抬高一厘米"的权利,在力所能及的范围内给学生一些呼吸的自由,比如鲁迅,用肩扛起黑暗的闸门,放学生到光明里去……

但是,我们没有。我们在体制里活着,甚而活得还很滋润。我们忘记了自己所犯的平庸无奇的恶，忘记了我们身上散发的血和肮脏的东西，成为一些罪恶的源头。

因为一颗失去精神家园的心灵不可能认真思考自己的生命与价值，因而也不可能对他人的生命产生实在的情感关切，更不可能真正对社会产生责任心。

而一个人的冷漠会引起一批人、一群人的冷漠，导致心灵的污化不断扩大，心灵的底线一再退让。

所以，我们都要成为天使，不要沦为魔鬼。盖因他人的美味却是我们的毒药。老师们啊，要警惕平庸无奇的恶。

打造麦田里的守望者

新教育就其诞生以来,以其设计理念的先进性,触及问题的尖锐性,影响所及的广泛性,引起了社会的广泛重视,也不同程度地引起了学术观点的碰撞和讨论!有人说:"凡有井水饮处,皆能歌柳词。凡为教育者,都跟新教育。"那么,新教育究竟给我们带来什么?为什么会产生这么大的轰动效应?

一、新希望工程——风起于青萍之末

在我们的教育广受鞭挞之际,在任何人对教育都可以信口雌黄之时,朱永新先生却以一个教育大家的良知,坚持行走的姿势,以笔为旗,高擎永恒不灭的精神灵魂,追求自己的教育梦想!

从最初朱先生一个人的朝圣,到现在新教育的如日中天,新教育走出了一条并不平坦的路。2002年厚积薄发的新教育横空出世,犹如沉闷的水面漂过一片风帆,阴霾的天空掠过一只飞雁,沉寂的天空响起一声惊雷!

清风拂面的新教育,不仅让沉重不堪的教师醍醐灌顶,灵光乍现,而且准确点中了现实教育的死穴,让乌烟瘴气的应试教育狼狈不堪!可以说,凡是接受过新教育思想的人,都会被朱永新俘获,这中间的原因很复杂,除了朱先生独特的个人魅力,现实教育给人带来的失望,更重要的还是新教育理念的"蛊惑人心"。"让教育成为学生享受成长快乐的理想乐园,让教育成为教师实现专业发展的理想舞台,让教育成为学校

提升教育品质的理想平台，让教育成为新教育共同体的精神家园和共同成长的理想村落。"在这种理想或者是梦想的感召之下，没有多少人能够抵御鲜活教育的诱惑！

教师毕竟是知识分子，而且是有良知和较为清醒的知识分子，每个人都知道现实的教育中，学生很苦，教师很累，教育很危险。这个甚至已经成为教育界的新"三农"问题了，但是，高考指挥棒就像鲁迅笔下的头羊，指引着我们这些大羊，领着一大堆小羊没日没夜、没头没脑地奔走。未来在哪里？我们究竟要到哪里去？没有人来告诉我们。教师需要启蒙，需要澄清，需要引导！愚昧固然可以免却一大笔沧桑和痛苦，但一定会制造荒唐，而教育的荒唐，是谁也承担不起的历史责任啊！

毋庸讳言，新教育最初的精神风暴过后，很多老师很快陷入了深深的迷茫，在分数就是硬道理、分数就是生产力的今天，新教育能否给出"新分数"，是它能否走出尴尬的重中之重！很多老师认为新教育好是好，但它注重人文的底子，注重学生品格修养的历练，注重师生的共同成功，按常理来说，它的周期应该是漫长的，那么，在急功近利的应试教育的泥潭中，新教育能否出淤泥而不染，并进而一枝独秀？

正是在这种迷茫之中，新教育出现了叫好不叫座的特殊情景，一方面是教师群体持久热情的追踪，一方面是少部分教师小心谨慎的介入。

2002年，媒体的推波助澜，教育界的褒贬不一，都使新教育受到特殊的关注，同时也必然接受最挑剔的审视。朱永新牺牲了自己的休息时间，在"教育在线"的网站上，和众多网友现场对话，新教育接受缺点列举法，在修正中成长，在批评中丰富。缺口已经打开，思想已经启蒙，星星之火已经燎原，当新教育实验最初在苏州地区取得了素质和考试双向成功之后，拭目以待的外省市学校立刻蜂拥而上，谁都想抢上新教育这趟车，以理想的教育实现教育的理想，把学校从应试教育的泥沼中拯救出来，让教师和学生享受教育的快乐，享受诗意的人生。高高飘扬的乌托邦，成了触手可及的救命稻草！

一时间，新教育成了战胜教育困境的不二法门，理想的新教育，成了很多学校的教育理想。2003年，新教育横扫大半个中国，并且一下子成为教育词典上的关键词！

《南风窗》借教育界人士之口称，该实验有望在另外一重意义上，成为继希望工程之后的"新希望工程"——原先的希望工程是一项增添书桌的工程，侧重于物质；新希望工程是一项有了书桌后塑造一个什么样的人的工程，注重于精神。

新希望工程，就是希望学生实现精神上的富有。记得爱因斯坦曾引用一句话说教育："当你把学校教给你的东西都忘掉以后，剩下的就是教育。"

新教育的意义和价值就在于它是内敛的、精神的、生命的、长远的。新教育告诉我们：教育是为了点化生命，荡涤思想，丰富人生，使学生的精神生活充实起来，生命丰盈起来，人生的价值光彩起来。教育应该是幸福的、快乐的、充盈的、感性的、灵性的、有温度和湿度的，而不应该是干巴巴的教条和冷冰冰的制度。教育应该追求新的文化理念、新的价值期待、新的社会理想，应该让我们清楚地看到了一个痛苦时代的痛苦、一个挣扎时代的挣扎、一个希望时代的希望！

新希望工程的另外一层意思是，希望工程毕竟是一个工程，它还是弱小的、脆弱的、需要被扶助的，它不是政府的行为，因此只能依靠民间人士的道德认知和价值承担，需要一块砖一块瓦的物质支持。新希望工程也是如此，它也是民间的、脆弱的、需要被扶持的，需要所有教师的爱心、理想和积极行动。新希望工程更多的是唤醒，是触动，是启迪，是激发老师内在的创造热情和创造魄力，让老师自己来拯救自己！尽管这些民间的力量没有制约性，没有外来的强制力，但这些又是"希望"的，是着眼于未来的。如果说，希望工程的理想是不让一个学生辍学，那么，新希望工程的理想就是不让一个孩子的心灵荒芜！

二、行走的姿势——在希望的田野上

> 我不去想，
> 是否能够成功，
> 既然选择了远方，
> 便只顾风雨兼程。
> 我不去想，
> 能否赢得爱情，
> 既然钟情于玫瑰，
> 就勇敢地吐露真诚。
> 我不去想，
> 身后会不会袭来寒风冷雨，
> 既然目标是地平线，
> 留给世界的只能是背影。
> 我不去想，
> 未来是平坦还是泥泞，
> 只要热爱生命，
> 一切，都在意料之中。

汪国真的这首《热爱生命》，曾经深深地鼓舞过我，因为这是一首行者之歌。而新教育最大的特征就是行走，教师行走，带动学生行走，推动学校行走，鼓励家长行走，发动社区行走。新教育最终的理想就是要构建一个学习型的社会！

我一直以为，教育需要梦想家和诗人来经营，需要信徒和殉道者来朝圣，需要肉体的投入、灵魂的参与和精神生命的支撑。中国的未来靠教育，教育的未来靠学生，学生的未来靠教师。只有提高教师的素质，才能以理想碰撞理想，以智慧开发智慧，以激情澎湃激情，以精神锻造精神！所以我认为，朱先生把改变教师的行走作为新教育的逻辑起点，确实是抓住了教育的"牛鼻子"。

为了改变教师的行走方式，让他们做研究型的老师、反思型的老师，朱永新先生身体力行，在网站上开设教育随笔专栏，大家写"小作"，并且与其他老师互动写作。朱永新甚至设定了"成功保险公司"，如果老师坚持10年反思写作，还不能成为一个成功者，朱永新先生愿意以一赔百。

朱先生以这种极端的方式来表达自己对新教育的信心。在但丁的作品中，有这样一个意象常常打动我：在黑暗的旷野中，狂风暴雨，电闪雷鸣，但丁高擎着火炬，努力地行走，不断地找寻……渐渐地，火炬熄灭了，四下一片漆黑。但丁突然把手伸进自己的胸膛，掏出一颗鲜红的心，那心呼啦一下燃烧起来，成为永不熄灭的明灯……每当想起朱先生，我的脑海里就会涌出这个意象，我为朱先生的状态、精神和理想国而感动！我为中国诞生如此高品格的教育家而感动！

正是通过改变教师行走方式，教师的职业倦怠消除了，教师的教育思想更新了，一大批教师找到了人生的快乐，实现了自己的人生理想。

很多一线教师有了详细的读书计划，有了明确的人生目标，他们读书，思考，实践，反思。枯燥的东西变得鲜活，遥远的东西变得亲切，理想被擦拭得熠熠生辉，梦想变得触手可及。过去，我们总是强调要加强学生的成功体验，因为成功的体验总是能够鼓舞人，高峰体验更是能够激励人，并进而改变人的心态和人生。

可是，我们很少关注老师自己，老师也需要成功体验，也需要心灵关注。朱永新先生认为"状态大于方法，方法大于苦干"。人生就是处于正陀螺和负陀螺两种状态之中，成功的体验是进入正陀螺状态的重要途径,也是改变教师状态的有力武器。通过写随笔,教师必须学习,必须反思,必须内化。"只要行动,就有收获",天天反思就会天天进步。

联合国教科文组织也认为:教师的专业发展＝经验＋反思。而反思来的东西又会在实践中成为新的经验,重新指导实验,老师在实验后继续反思,继续进步,这是一个老师专业发展的螺旋式上升过程。

2002年6月,"教育在线"网站创立,这是一件值得书入教育史的大事。从此,中国教师有了自己的网上家园,"新教育共同体的精神家园和共同成长的理想村落"终于成为现实。这种网络快捷的方式,让老师有了交流的平台,有了倾听的习惯,有了对话的意识,有了言说的冲动,更有了言说的快乐。特别是可以向名师学习,向名师请教,和名师互动。可以把最困惑的问题提出,可以把最鲜活的理论拿来。沉下心来的教师越来越多,男教师把得过且过的扑克牌扔开了,女教师把自得其乐的麻将抛走了。一大批教师在"教育在线"上成长起来。干国祥、魏智渊、诸向阳、张曼凌、张向阳、管建刚、林日正、肖盛怀……他们坚持行走,坚持书写,坚持收获。他们是在"教育在线"上书写着自己的教育史!

老师的行走方式改变了,学生的学习方式自然也发生了变化。通过师生共同读书,写日记,写随笔,老师和学生交往、交流、交心,这样的老师普遍能赢得学生的喜爱和尊重,老师理解了学生,学生懂得了老师,在这样和谐的师生关系下,还有什么教育弄不好呢?孔子所说的教学相长,现在所说的师生同乐,在这里成了真正的现实。如果说,过去的教育是从拿着"放大镜"寻找学生缺点,到拿着"显微镜"寻找学生优点,那么,新教育则是拿着"望远镜"来指引学生未来!

正如朱永新所说:只要方向是对的,理论可以有缺陷,可以在实践中丰富;而没有实践,任何理论都是灰色的,都是一纸空文。最重要的还是实践,需要行走,需要创新,需要用脚踩出一条路。鲁迅说:"其实地上本没有路,走的人多了也便成了路。"那么,我们何妨从新教育中蹚出一条属于自己的路？

如今的新教育，已经拓展到全国多个省市，有上千所实验学校，数百万不在编的实验老师，汇成新教育的滚滚洪流，他们流淌在希望的田野上，青春勃发，蔚为壮观！2006年，新教育正式进京，从民间到官方，以"农村"包围城市，新教育即将走出"小岗村"，迎来全中国教育联盟的大团结。

三、理想的灼烧——从心开始

"理想"无疑是新教育中出现频率很高的一个词，在《新教育之梦》中，朱永新先生这样阐释理想："谁在保持梦想，谁就能梦想成真；谁能不懈地追寻理想，谁就能不断地实现理想。"为新教育奔走呼告的也大都是一些理想主义者，然而，尤为可贵的是这些理想主义者，绝大多数又是实干主义者，甚至可以说，他们自身的成长史就是新教育的发展史，他们用自身的成功昭示着新教育的光明未来。

但既然是理想，当然也就可能是空想，甚至有可能坠落为妄想。在我和一个编辑的对话中，有两个问题引起了我的注意和思考。第一个问题是新教育究竟有没有触动心灵？第二个是新教育到底带来了哪些改变？

可以说，以往的很多教育实验，取得的经验固然不少，但它们往往注重技术层面，从微观入手，注重一招一式，以提高教学成绩为旨归，很少关注学生心灵，很少以影响学生的精神生命为价值标杆。而我以为，一切不能触动学生心灵的教育，都是失败的教育。当年鲁迅先生之所以弃医从文，就是因为先生觉得要改变一个人，首要的是"改变他们的精神"。而新教育与以往教育实验最大的差别就在于——新教育，追求从"心"开始！

教育是心灵的濡染和熏陶，没有心灵参与的教育，就是没有灵魂的教育，就是短视和短命的教育。新教育的六大主张几乎都指向学生的心灵，鼓励学生阅读经典，重视精神状态，倡导成功体验，以弘扬学生的人文教育为己任，高举人文教育的大旗，对学生负责，对历史负责，对未来负责。倡导学生具有海纳百川的胸襟，追求卓越的品质，天人合一的情怀，自强不息的意志，敢为人先的魄力，诚信公正的操守，浪漫时尚的气质，白璧无瑕的品格。正如陶行知所说，力争"创造出值得自己崇拜的人"。所有这些，对塑造学生的精神风貌和健康人格起着至关重要的作用。

那么，新教育实验带来的具体改变是什么呢？

新教育高屋建瓴地明确了三个问题。第一，我们面临什么样的挑战？第二，我们需要什么样的人？第三，我们需要怎样的教育？正是因为明确了这三个问题，新教育才有的放矢地更新、改变、创造。

先看学生。实施新教育以来，学生的内功提高了。经典阅读量的大大增加打好了学生人文的底子，这就是内力，就是内功，人到一定层面上比的就是这个东西。另外，学生的负担减轻了。卢梭说："在万物的秩序中，人类有他的地位；在人生的秩序中，童年有他的地位；应当把成人看作成人，把孩子看作孩子。"让孩子享受读书的快乐，是上帝赋予的权力，而剥夺孩子的自由，是魔鬼也不屑的勾当啊！

新教育让孩子感到了轻松快乐，脸上有了笑容，心里有了梦想，学生不再觉得学校是"阎罗殿"，而是"流星花园"，这种和谐健康的心态，对教育教学是何等重要！还有，新的教育理念和教育方法的确立，使学生在校赢得的是微笑，是赞赏，收获的是信心，是动力。这里教给学生的是终生有用的东西，它们不是死的显性知识，而是活的隐性智慧，而这些智慧的获得，一定会让学生在将来的人生发展中，如虎添翼。

再看老师。老师不再是陈腐的师道尊严，不再是肤浅的一桶水，不再是毁人不倦的坏园丁，不再是飞蛾扑火的蜡烛；教师是朋友，是战友，他们从独裁走向民主,从独白走向对话,从单一走向整体,从接受走向建构,从外在走入心灵,从现实走向未来。

教师是日日更新的大河,奔腾不息;教师是潇潇洒洒的春雨,润物无声。教师是盗火的普罗米修斯,引燃火种,照亮人生。他们重视引导,重视经历,重视唤醒,重视感染,重视熏陶,并以此来引导学生重视感受,重视体验,重视创造,从而引领学生加强"内化",自我提升,自我塑造。

教师还积极营造一种"同行、同心、同乐"的民主氛围,在集体之内,力争做到人人心胸开阔,个个阳光灿烂,让生命获得一种安全感,让微笑从心底流淌出来,让每个个体都赢得统一的尊重,得到同样的重视,获得同等的发展机会。让每个个体都有成功感,都有灵魂的依靠,都感到做人的幸福和快乐。新教育不是飘扬的乌托邦,而是握在手里的"桃花源"!

四、梦想还有多远——心若在,梦就在!

新教育注重人的精神品格,注重人的终身发展,注重人的内心世界,在应试教育的浊浪滔天中,新教育应该是一个"逃学"者,但并非一个消极者、厌世者,而是以另外的一种方式,实现了老师、学生、家长的人文重构。新教育改变的不仅是学校,还有无数的家长、社区。所以,朱永新说:"新教育是为了一切的人,为了人的一切。"

新教育致力打造的是麦田里的守望者!

《麦田里的守望者》的主人公霍尔顿是个逃学的学生,他的理想是成为在麦田里做游戏的孩子们的守望者。霍尔顿说,他想象着在一大片麦田里,成千上万的小孩子在游戏,周围除了他没有一个大人。他就站在麦田边上的悬崖旁守望着,哪个孩子朝悬崖奔过来他就捉住他,不让他掉下悬崖。这个超常的想法具有理想色彩和浪漫诗意,遗憾的是塞林格在书中没有提到麦田的颜色，在嫩绿和金黄之间我们当然无从选择，但是色彩在这里已经不再重要，重要的是有新鲜的阳光、心灵的呵护、天真的快乐，有自由在天空中飞翔，有美丽的情愫在自然中疯长，还有那个哼唱着"假如你在麦田里捉住了我"的守望者在那里静静地守望。

有了纯洁的心灵和善良的种子，有了恢宏的理想和廓大的精神世界，一代青年的品格重塑，一个民族的人文更新，离我们还会远吗？

第三章 培优的诀窍

> 从不做蠢事的人,也永远不会有任何聪明之举。
>
> ——维特根斯坦

不必一心扑在孩子身上

我经常听到教育的豪言壮语,有一天听一个老师做报告,说她"一心扑在学生身上"……初听非常感动,但很快这个问题又引起了我的思考。

我们不妨用两个"假如"来判断。一是假如我是老师,二是假如我是学生。

"假如我是老师",我得承认我做不到,也不必做到。先说"做不到",所谓"一心"就是全部的心思,就是口号里所说的:"一切为了学生。"

如果一切为了学生,一心扑在学生身上,那么老师自己呢?你的生活、你的健康、你的孩子、你的父母、你的爱人、你的职称、你的房贷、你的水电……这些难道你都不管了吗?

你不是石头缝里蹦出来的,如果一切不管不顾,只是一心扑在孩子身上,很可能就搞不好家庭,搞不好教学。不管孩子,不管老人,六亲不认,一个人如果做人都有问题,还怎么"学为人师,行为世范"呢?

正是站在这个立场上,我对某学校要求教师"远离正常生活"颇为不满。教育就是生活,生活就是教育。如果有一种教育要求我们远离正常生活,这样的教育有意思吗?有意义吗?所有的师生都不是正常人,浸染其中,培养出来的还是正常人吗?立德树人肯定会成为一句空话。

再说"不必做到"。在很多年前,在我毕业走上讲台之前,我的大学老师在最后一课上曾反问我:"如果你把全部的时间都给了学生,那么,你拿什么给你自己呢?"

我们自己也需要时间，也需要继续读书，需要继续思考和反思，需要一次次积淀，抓住课堂中出现的每一个微小问题，深入细致地剖析，找到解决问题的办法，然后在实践中不断验证，一次次打怪升级。教育首先是自我教育，没有教师学问和境界的不断提升，就没有学生学问和思想的无限成长。

假如我是学生呢？如果让我回顾过去的学生时代，我虽然希望老师关心我，但并不希望老师关心"我的一切"。

如果有老师"一心扑在我身上"，我非但不会领情，还会非常惊慌恐惧，甚至会逃得远远的。植物的生长需要空隙，人的成长也需要自由，学生除了学习还有生活，青春期的孩子还有隐私，如果一切都笼罩在老师的关心之下，反而抑制了学生的健康成长。

学生的一切，既有老师该关心的，也有老师不该关心的。在课程设计和管理制度中早已说明，老师只要尽职就好。老师用不着"一心扑在孩子身上"。

道理并不复杂，老师是一种特殊的职业，任何职业人员都要有职业精神，职业精神包括了职业水平、职业态度和职业道德。一个老师具备职业道德，在教育教学中体现出了自己的职业态度和职业水平，教好书育好人，这就很好了，不宜提出一些不切实际的要求。

如果换成老师"一心扑在教育上"，我觉得问题不大。因为老师的学习、读书、交往、闲聊……这些都是生活的积累，也是教育的积累，我们都可以用"生活＋教育"的方式来解释。但就不能"一心扑在学生身上"，学生一般会有七八个老师，如果他们都"一心扑在学生身上"，学生一定会被压垮的。当年的郭靖就差点被江南七怪压垮了。

突然回想起我高中时的春游，去石涧看桃花。这样的活动都是由班委组织的，每年都在差不多的时间举行，逐渐成了学校的一种文化。它最大的特点是，我们可以暂时不在老师的眼皮底下，老师没办法扑在我们身上，那是多么快乐的时光啊。

我们骑着自行车，山风拂面，野草疯长。一路上我们兴高采烈，你追我赶，偶尔有女生大着胆子，坐在男生的车后，那就更加引起大家的口哨和欢呼。春天真好，年轻真好，大家都扯着嗓子，引吭高歌，风鼓起了我们的衣服，我们放开自行车把手，高举双臂，用扭动的身体控制平衡，一个个在女生面前玩起了杂耍……这是青春的标尺，也是年轻的力量。

很多年之后，我回想起这些春游。我的回忆中根本没有桃花，很多时候去早了，桃花根本就没开。其实有没有桃花，桃花有没有开，桃花美不美并不重要，重要的是，这一天，我们身边没有老师，我们不在教室里，也没有人用考试和分数来评价我们，我们就觉得自己是自由的人，我们是海阔天空的青年，我们像青年一样呼吸，一样野性，有着蓬勃的生命力。

遗憾的是我高中第一次春游，我们班的一个女生坐在自行车的后座，前面有一辆拖拉机开过来，骑自行车的男生一慌，车子一扭，女生摔了下来，头被磕破，流了一点血。女生当场就晕了过去。

那时候没有电话，大家都不知怎么办才好，我说要赶紧告诉她父母，但没有人愿意回去。那个女生很漂亮，大家都喜欢她，都围绕着她关心，只有我选择了去她家报信。我直着腰，踩着自行车满头大汗地去了她家，找到她父母，他们慌忙赶往现场，我被丢下了。

后来我才知道，那次事故中的女生不是被磕晕的，只是女生有晕血症，看到红色的血，她就晕了过去，但很快她就好了。等到她父母赶过去，她和他们已经在欢快地春游了，可怜我把人家父母吓得半死，自己还被玩疯了的大家彻底遗忘了，我渴盼的一年一次的望风日就此熄灭了。

因为有了这次事故，学校就势取消了春游，我们偷来的浮生半日闲，那片刻的欢愉也被剥夺了，我怀疑我的成长中缺少了一块，或许就与此密切相关。

后来读《论语》,看到曾皙的人生理想:"莫春者,春服既成。冠者五六人,童子六七人,浴乎沂,风乎舞雩,咏而归。"

孔子对此大加赞赏。"莫春"者,为和煦之时;"浴乎沂"者,在沂水中洗浴;"风乎舞雩"者,在高台上吹风;"咏而归",在小道上唱着歌归来。其乐融融,其乐熙熙。人生如此,夫复何言?

孔子和我一样,不赞成老师"一心扑在孩子身上",认为生命成长自有其节律,老师应该给所有孩子一样的阳光和雨水,不要求他们长一样高,结一样的果。或许,老师应该把所有孩子都散放在麦田里,做一个麦田里的守望者就很好了。

孩子成长中的大忌

《三傻大闹宝莱坞》中有一句经典的台词："你的朋友不及格，你感觉很糟；你的朋友考第一，你感觉更糟。"这种复杂的心理，瞬间抓住了全世界的影迷。

为什么会这样？因为它说出了人人心中都有，但又不愿说出的秘密。每个人内心都有攀比动机，都可能因攀比而产生嫉妒，就算是对自己最好的朋友也不例外。人们从这句话中辨认出自己，进而感到愉悦和惊惧。愉悦来自群体结构上的相互辨认，惊惧则来自对被欲望遮蔽的真实自我的重新发现。

成人尚且挣扎在攀比和嫉妒之中，何况是正在成长中的孩子？人性的弱点和劣根性，或许正是校园攀比屡禁不止的重要原因。

面对校园越来越严重的攀比现象，很多老师严防死守，八仙过海各显神通，最终成效却寥寥。

究其原因，乃是因为攀比现象非常复杂，几乎可以说是世界性的难题。老师需要具有相当好的心理学背景，多年的实践积累，才有可能辨析出攀比产生的复杂成因。

在很多教育顽疾的诊疗中，心理学越来越重要，教育学要想成为一门科学，不吸取心理学的研究成果并以之为基础，只能是空谈。辨析出攀比的成因之后，老师还要能动员多方面的力量，进行长期拉锯式的反复教育，或许才能够取得一些实效。

但反观当下，大多数老师处理攀比现象，由于专业学养不够，普遍处在刀耕火种阶段。不问为什么，只问怎么办；只有制止攀比的冲动，没有研究攀比的愿望；不做多种假设，只做简单归因；甚至把攀比问题道德化，给攀比者戴上问题学生的帽子。认为学生攀比是觉悟不高，认识不到位。似乎认识到位了，教育好了，攀比问题就可以一劳永逸获得解决。

其实，攀比问题根本不是道德问题，而是心理学问题，并且源自人的正常心理，只是后续发展比较复杂，需要仔细辨析而已。

那么，攀比到底是怎么回事？心理学认为："攀比心理是指个人发现自身的某项内容与对照的个体发生偏差时，产生负面情绪的心理过程。"

一般来说，攀比人与被攀比人之间，常常具有极大的相似性，且互相间非常熟悉，世俗也常常把这两者作为比较的对象。了解这些特点，有助于我们剖析攀比者的心理动机。

奥地利心理学家阿德勒在《儿童的人格教育》中，把人性观分为六个方面，前三方面是：虚构目的论、追求优越感、自卑感和补偿。

阿德勒认为，每个人的"虚构目的"都差不多，就是"追求优越感"。人的心理总是充满着有活力的、有目的的追求。儿童自出生起就不断地追求发展，追求一个伟大、完善和优越的希望图景，这种图景虽然是无意识形成的，但无时不在。

人为什么要追求优越感呢？人之所以追求优越感，追求完美，就是因为本身不够优越，不够完美，需要奋然追求优越感来体现自身价值。

也就是说，个体追求优越感是以人的自卑感为重要前提的。所有的儿童都有一种天生的自卑感，它激发儿童的想象力，激励他尝试通过改善自己的处境来消除内心的自卑感。唯有个人处境的真实改善才会缓和自卑感。心理学把这种现象称为"心理补偿"。

攀比的本质就是心理补偿，但其心理动机却是虚荣。这种虚荣来自对自卑的恐惧和对自尊、优越感的追求。自卑的人需要自我肯定，需要完成对自卑的超越；一旦正常的方式实现不了，就会选择攀比。"梅须逊雪三分白，雪却输梅一段香。"攀比者总要千方百计寻找到自身的优越感。

也就是说，攀比心理和行为作为一种客观存在，其本身并无过错，关键在于攀比的指导思想、出发点和内容究竟是什么。当自身被尊重的需要被不恰当地放大，盲目地攀比，尤其是物质上的攀比，很可能使得个体虚荣的动机被强化，甚至产生极端的心理障碍和行为。

在破解校园攀比的道路上，我个人的心路历程，所获得的诸多教训，也许有一些参照意义。

起初，我不能理性看待攀比，对这一现象深恶痛绝。在我看来攀比就是一种可耻的行径。

攀比之人用父母的钱来耍酷，正事不干，邪事不少，是十足的胆小鬼、懦夫。直到有一天，一个孩子因为要买"科比8代"的鞋子和家长大吵大闹。家长招架不了，最终把这个问题交给了我。这是冥冥中上帝对我的眷顾。

那个下午，我和孩子坦诚交流，孩子受我感染，在涕泪滂沱中，向我袒露了他的内心。他之所以攀比，根本不是为了虚荣，而是害怕被朋友抛弃，他努力挣扎，只是要进入一个朋友圈，或者说是要取得一个资格。因为只有穿"科比8代"的人，才能聚在一起打球。他热爱篮球，他不能没有这个朋友圈，否则对他来说就是世界末日。这是他要买"科比8代"的唯一理由。

我恍然明白了生活中的一类学生，到哪都不受欢迎。因为他们什么都懂，什么都会，哪里都去过，什么都吃过……

事实上，他哪里都没去过，什么都没吃过。他之所以信口开河，并不是虚伪，更不是"装"和夸大，只是害怕孤独，害怕被抛弃，他需要朋友，希望融入一个集体中获得安全，如此而已。

这个案例使得我认识到攀比的复杂性，从此不再对攀比现象一棍子打死。

后来,我在周记中又读到一个男生的自白,他讲了一个真实的故事。他不顾同学们的讨厌,总是喜欢和人家攀比,而且专门找最厉害的人比。比如和最先到校的人攀比谁最先到校,与数学最好的人比谁的数学期末成绩最棒,和作文最厉害的人比写作谁能达到一类卷。事实上,他的确变得越来越好。

有一次,我俩私下交流。他很诚实地告诉我:"老师,我很清楚自己脑子不笨,但非常懒惰,几乎管不住自己。我之所以厚着脸皮在众目睽睽之下和人家攀比,就是要让自己没有退路,逼迫自己不能懈怠,就算不能实现目标,总归是在进步嘛。"

那一刻,我非常感动。在承认了攀比复杂性之后,我又意识到攀比中可能隐藏的正效应。攀比有时候也是正当的竞争,能提升人的士气和斗志。

既然每个孩子都有超越自卑的冲动,教育者所要做的就是确保孩子对优越感的追求能给他们带来健康和幸福,而不是嫉妒和错乱。也就是说,老师要引导孩子追求有益的优越感。

那么,如何区分有益和无益的优越感呢?我想,区分的基础就是这种优越感是不是既符合自身需要又符合社会利益。换言之,任何高贵、高尚的行为,不仅对行为者自身有价值,而且对社会也同样具有价值,所以要培养孩子的社会情感。

在此基础上,我们把追求有益优越感的攀比称之为正效攀比。正效攀比往往能够激发个体积极的竞争欲望,产生克服困难的动力。而追求无益优越感的负效攀比,往往伴随有情绪性心理障碍的消极比较,会使个体陷入思维死角,导致巨大的精神压力,进而产生极端的自我肯定或者否定。

在马斯洛的需要层次理论中,要求被尊重是较高层次的需要,处于生理、安全、友谊和爱的需要之上。青春期的孩子有着强烈的被尊重的需要，他们的很多努力都是在试图建立自尊和他尊体系，以实现自我价值。

但这些都是要建立在对自我正确客观分析的基础之上的，否则只会因为过分追求虚荣心的满足，忽略了可比性本身，导致盲目攀比。但不可否认，同样的一种原始心理，因为不同的攀比取向，就会产生截然不同的心理效应。

举例来说，对学生而言，羡慕是一种普遍情感，因羡慕而产生攀比是自然而然的，但其走向却完全相反。

正效攀比是：羡慕—亲近—学习—超越。

负效攀比是：羡慕—嫉妒—憎恶—陷害。

在此基础上，我又逐渐总结出：凡是不能凭借自身主观能力所达成的攀比都是负效攀比；凡是不能促进自身向上，不符合社会情感的攀比都是负效攀比。除此之外的攀比，基本上都是正常的竞争心理，只要我们适当引导，不要走极端就好。

正是在这样的认识之下，我开始了"破解校园攀比之谜"的漫漫长路。

一是通过讨论来澄清。

价值澄清理论认为，在人的价值观形成的过程中，通过分析和评价的手段，能够帮助人们减少价值混乱，促进同一价值观的形成，并在这一过程中能有效地促进学生思考和理解人类价值观的能力。

也就是说，价值观的形成不是通过灌输来实现的，而是通过澄清的方法，在评价过程中实现的，是通过选择、赞扬和实践过程来增进富于理智的价值选择的。

个人的价值或价值观是经验的产物，不同的经验就会产生不同的价值。价值的形成与发展完全是个人选择的结果。

针对攀比现象，我们积极引导学生通过多种攀比案例进行剖析，有时候通过道德两难的设置,让学生把自己代入,参与讨论,澄清一些复杂的攀比心理,通过"选择—珍视—行动"三个阶段让学生完整经历有效的价值形成过程。

心理学家凯利的人格认知理论指出,不管事实怎样,认知才是关键,心理障碍的根源是认知偏差。在外部世界不变的情况下,改变认知就能纠正心理障碍。学生一旦能够纠正认知偏差,尤其是能够区别正效攀比和负效攀比,就能促使学生减少负效攀比。

二是通过技术来缓解。

这里所谓的技术有两层含义:一是减少学生无效攀比的机会,二是引导学生把无效攀比转化为正效攀比。

如何减少学生的无效攀比呢?比如我们规定学生上学期间,一律要穿校服,这虽然抹杀了学生青春勃发的审美,但也培养了学生的集体主义,有效减少了攀比。

但我们很快发现,学生开始攀比鞋子。只要有攀比心理,学生总会抓住各种各样的机会。

比如中学生正处在情窦初开的年龄,"羞答答的玫瑰静悄悄地开",孩子们喜欢在异性面前表现自己,也形成了一定的攀比现象。

为了杜绝男女生之间的交往,不少老师费尽心思,切断男女生之间的联系。我却鼓励男女生大胆交往,在学习、工作、文娱、体育各方面表现自己。

每个月,我都要让女生综合各方面的情况,票选出最佳男生三名,进步男生三名,然后让女生代表为男生颁奖;男生也票选出最佳女生三名,进步女生三名,并让男生代表为女生颁奖。这样一来,就把男女生的攀比引上了正确的轨道……

技术永远是"术"。"术"只能是方法,是工具。而教育的本质是"道"。"道"是理念,是思想,是对工具的运用。所以技术只能缓解校园攀比,不可能真正解决校园攀比。

三是通过构筑校园文化体系来根治。

文化,从词源上来说,即"以文化之"。文化不是一个名词,而是一个动词。学校作为承担文化传承的重要场所,应该要树立一种自觉的校园文化意识,构建一种自主的校园文化模式。也就是说,真正能够根治负效攀比的还是要靠构筑校园文化体系。

如果我们的学校能够构筑起完整的校园文化体系,把一种特定的文明和价值观传授给的孩子,使孩子们体认一种欣赏和学习他人的生存模式,追求精神的境界,始终把人格发展放在至关重要的位置,那么,每个孩子都可能会在潜移默化中,获得一种觉解,进而养成一种习惯,成就一种规范,涵养一种人格。一旦自觉的文化意识形成了,会自然成为学生的"日用"和"常行"。

而这些孩子就会有效抵制攀比的侵蚀。换言之,文化的力量,会使得每个当事人挺身而出,用行为道出自身的力量,向世界开出自己的花朵。

譬如,雷夫就将科尔伯格的"道德发展六阶段"理论引入班级管理,并以此来引导学生的人格成长。

第一阶段,我不想惹麻烦——靠惩罚起作用;第二阶段,我想要奖赏——靠贿赂起作用;第三阶段,我想取悦于某个人——靠魅力起作用;第四阶段,我要遵守规则——靠自律起作用;第五阶段,我能体贴人——靠仁爱之心起作用;第六阶段,我有自己的行为准则并奉行不悖——靠境界起作用。

在这个人格发展的过程中,学生也会不断追求优越感。但他们没有自卑感的焦虑,获得优越感的方向非常清楚,最终会形成自己的道德人格。

而且孩子明白,每个人的成长不是和他人攀比,而是对自我的提升,因此他们会加强纵向比较,拿自己的今天和昨天比较,以进步的心态鼓励自己,逐步建立起希望体系,帮助自己树立坚定的信心。

其实，不论是"我不想惹麻烦""我想要奖赏"这类的浅层思维，还是"我能体贴人""我有自己的行为准则"等较难达到的思维阶段，雷夫都是站在学生的角度来进行理论的建构，由此所运用的方法和达到的效果自然也是让受教育者自己从思想上产生变化，让孩子知道，行为得宜是应该的，不需要奖赏，从另一个角度来说，获得知识和品德提升的过程就是对他们最好的奖励。

譬如南明教育的生日诗文化。

孩子攀比的一个重头戏，就是过生日。有钱的孩子攀比，请全班孩子去什么样的酒楼吃大餐，其他的孩子攀比送什么样的礼物。这成了很多家长很头疼的事。但在南明教育的文化体系中，这些都已经获得了很好的解决。

南明教育的全人之美的课程，非常重视每个孩子的生日，并将其作为孩子生命叙事的重要环节。但他们的做法是在孩子生日的那一天，老师会和孩子讲一个故事，写一首生日的诗，并且送孩子一本图书，作为生日的礼物。

重要的是，这个故事、这本图书，就是这个孩子的愿景，就是老师心目中的这个孩子未来的样子，这个孩子会在这个故事和礼物中找到自己。家长如果要买蛋糕，也不被允许，因为蛋糕会被拿来攀比。一般来说，家长用来买蛋糕的钱会拿来给班级买图书，这是南明班级图书馆图书的重要来源。

最后，一种好的校园文化，还要发展积极的他人观，鼓励孩子培养一种人类之间的关爱感，教会孩子理解和体察他人，启发孩子合作和与人共享的愿望，鼓励孩子帮助他人，展现自己，乐于奉献，让孩子觉得给永远比拿愉快，让他人因为我的存在而感到幸福，也在他人的成功中感受到快乐。

幸福与优秀哪个更重要

作为一个老师，如果既优秀又幸福，那当然求之不得。如果让我们选择，究竟是优秀重要还是幸福更重要，那就是一个大问题。很多人可能观点迥异。但我认为幸福比优秀更重要。

首先，优秀是重要的。

优秀当然是重要的，作为教师，优秀就显得更为重要。

别的职业，优秀与否只是个体的一种选择。选择平凡，不等于选择平庸；甘于普通，甚至还是一种淡泊、一种平和、一种境界。但作为教师，优秀却是这个职业的必然选项。

因为教师身份与国民的人文素养息息相关，也与未来发展紧密相连，与人文相关。那么，人的生存与发展，文化的保存和传播，都咔嚓一下压到你的肩上，如此重任之下，哪个教师敢稍有懈怠？哪个不是不待扬鞭自奋蹄？

与未来发展紧密相连，那么，伟人与庸人，贪官和罪犯都在我们手中产生。哪个教师不是战战兢兢，如临深渊，如履薄冰？

作为人类文明薪火的传递者，我们教师首先必须是优秀者，甚至还要是卓越者。唯有在这样的前提之下，教师才有可能和学生如切如磋、如琢如磨，给学生最精华的、最纯粹的、最好的课堂和教育。

现在国家狠抓教师师德。在我看来，什么是师德？教学水平就是最大的师德。我们很难相信一个教学水平一塌糊涂的人会是师德高尚的人。学生来学校本质上是追求德行的发展，但最直接的还是求知。

由此看来，教师的优秀不过是标配，甚至是底线。

我们常常要以德为先，这自然没有错。但结果往往是道德的虎皮被利用，一些人用道德的大旗掩饰自己的平庸和无能，进而误人子弟。

我们今天说——德智体美，把德摆在最前面，这个逻辑起点也许本身就有问题。当年蔡元培先生主张把逻辑顺序界定为体智德美。首要的是体，没有身体这个逻辑起点，就没有一切。健康的体魄，更容易激发出智慧，在智慧的基础上产生的道德感，才是有觉解的道德，才是有深刻体悟的坚定的道德，然后才是美，美是最高的境界，美育可以代替宗教。

其次，幸福更加重要。

为什么幸福比优秀更重要呢？

我们不妨先问，为什么拿幸福与优秀相比？这两者之间的比较本身就耐人寻味。优秀的重要是社会公认，是普遍真理，地球人都知道；但幸福居然比优秀更加重要，其表达效果非常强烈，更能彰显幸福的非同凡响。

然后我们再追问，幸福为什么比优秀重要？

优秀是他人的评价，而幸福是自我感受。优秀一定会和他人比较，和竞争有关；幸福则纯粹是自娱自乐，与他者无关。优秀是稀缺的，很难得到；而幸福则是一种心境，我欲幸福，幸福至矣。

李镇西有一个观点，让人们因为我的存在而感到幸福。当我们拥有这种自觉，我们获得的幸福就大大超出了职业幸福的范畴，指向一种人生的境界。

高尔基给自己儿子写信，大概意思是说：孩子，你离开卡普里岛了，但你在岛上种下了树，留下了美好的东西。孩子，请记住，给永远比拿愉快。

这种给予的愉快，就是一种可持续的幸福。李镇西老师曾这样描绘过："作为教师，每天我们面对的是一个个鲜活的孩子，驾驭的是变化多端、生动活泼的课堂。孩子们一声甜美的老师好、一个灿烂的笑脸、一次精彩的发言、一段感情真挚的朗读、一份娟秀工整的作业、一篇充满童趣的文章、一次小小的进步，都会使人怦然心动、乐从中来。在这个引领的过程中慢慢体会我们所付出的耐心、爱心、细心、仁心……作为老师的我们此时是骄傲的！更是幸福的！"

杏坛之上，弦歌不断，多么美妙的师生幸福图。教育本来就应该追求一种完整幸福的生活。

最后，幸福和优秀并行不悖。

尽管大家都拿幸福和优秀相比，但这两者不是对立关系，这是我们教师应具有的价值取向，幸福和优秀应该并行不悖，两手抓两手都要硬。

一个不优秀甚至是平庸的老师，在教学上捉襟见肘，如何能做到游刃有余、轻松自如？又如何获得同行的敬重，学生的爱戴和自我的肯定？

如果连教育教学都摆不平，搞不定，始终有泰山压顶之势，惶惶不可终日，那么如何获得生命的安全感、成就感，进而享受教育的幸福感呢？

在我看来，任何一个幸福的教师，他的幸福往往是以优秀为基础的。也就是说，老师的幸福，不是自身孤立的幸福，而是因自身优秀带来孩子成长所产生的巨大幸福。

正如陶行知所说，教师的成功是创造出值得自己崇拜的人。这种幸福实质上就是职业幸福。当一个教师努力追求自己的职业幸福，就能逐渐发现自己坚守的价值。一个孩子的书写有了提高，经常完不成作业的孩子逐渐完成了作业，孩子一段精彩的发言、一篇感人的日记、一个淘气的笑脸、一个天真幼稚的梦想……如果善于发现，我们就会从中持久获得幸福。

每天和孩子们在一起，付出着，收获着，快乐着，也幸福着。你会想起青年卡尔·马克思的话："我们的事业并不显赫一时，而将永远存在，高尚的人们将在我们的墓前洒下热泪。"

优等生哪里去了

清明节，很多老师回家祭祖，参加同学聚会。回来后啧啧称奇，感叹连连，甚至表示三观尽毁。

过去读书不好的孩子，一个个混得风生水起，事业发展得有声有色，而且落落大方，为人处事无一处不妥帖；而那些成绩优异的学生，坐在角落里，无人问津；很多人拘谨刻板，畏首畏尾，有的干脆拒绝参加……

因为这个问题，很多老师极其迷茫，百思不得其解。如果"优生"不如"差生"，那么我们教育的意义何在？教师的价值何在？我对这个问题也产生了浓厚兴趣，但不是因为"优生"挣钱不如"差生"，混得没有"差生"好，而是"优生"在精神气象上也被"差生"干趴下了。这才是最让我触动的地方。

细细想来，也不难理解。

一、"优生"，在狭隘中守成

毋庸讳言，现在很多"优生"，只是高分生而已。我们当然不能把高分与低能画等号，但是却有必要研究"优生"的高分是怎么来的。

老实说，很多"优生"为了获取高分，他们真是拼了，头悬梁，锥刺股，两耳不闻窗外事，读死书，死读书，分数就是命根子。除了分数，什么也提不起他们的兴趣。很多老师也是如此，除了分数，无精打采。他们只教书不育人，甚至也不教书，只教考试。有分数就是好学生，没有分数，就是"差生"、浑蛋、恶棍。最终形成了极端恶劣的分数崇拜。

其实，对终身发展的人来说，这些阶段性的分数，其价值又值几何哉？但分数是这些学生唯一的金字招牌，没有分数他们就乏善可陈、形销骨立，而且多年来，他们已经从分数中获得了甜头，这种甜头让他们乐此不疲。继续死读书，就成了他们的不能承受之轻，也是他们的不能承受之重。

但要知道，失去了广阔世界，没有了生活的源头活水，没有了丰富的精神生命的滋养，仅仅靠死读书来支撑一个人，其可持续性的发展潜能可想而知。

二、"差生"，在自卑中超越

在应试教育面前，有两种人极不适应：一种是智力障碍者，一种是真正的天才。

平心而论，真正的天才不多，智力障碍者也很少。更多的"差生"是那种怕吃苦、懒惰，觉得没意义，不愿意用全部的热情和精力来积极参与的人。但作为"差生"，无论如何，不可能对自己的处境无动于衷，因此每个"差生"或多或少都有自卑感。

奋受红尘千般苦，未展青春一次眉。

在心理学家阿德勒看来，自卑感恰恰是每个人追求优越感的根基，也是每个人都有的常态。正因为我们本身不优越、不完美，我们时时刻刻感到自卑，更需要奋然追求优越感来消除内心的自卑，心理学把这种现象称为心理补偿。

孔子"少也贱"，于是发愤好学，终至"从心所欲，不逾矩"。老子说"江海所以能为百谷王者，以其善下之，故能为百谷王"，其中更是蕴含着"自卑而超越"的智慧。希特勒、拿破仑因为身材短小，极为自卑，因而小宇宙爆发，在历史上或遗臭万年，或流芳百世。

"差生"正是因为自卑，所以要不断在别的方面完成超越。这种意识非常强烈，行动非常果敢，意志非常坚定。超越之后，一定还要在过去的老师和同学面前，完成对自我形象的救赎和打捞，补偿的意义极其明显。项羽占据了汉中膏腴之地，之所以要回老家，其原因也在此。他说："富贵不归故乡，如衣锦夜行。"可见，不炫一下，多么没有意思。

三、"优生"与"差生"，谁的黑夜比白天多

1916年，德国心理学家施太伦提出了"智商"概念。智商即智力商数，它是用数值来表示智力水平的重要概念。所谓的"优生"，一般来说，智商不错，再加上勤奋、努力、持之以恒等后天因素，逐渐在成绩上取得优势。

但戈尔曼在《情绪智力》一书中指出，真正决定一个人是否成功的关键是情商而不是智商。戴尔·卡耐基也说："一个人的成功只有15%是靠专业技术，而85%却要靠人际交往、有效说话等软科学本领。"这种软科学的本领，就是情商。

15%的专业知识，与智商密切相关的是需要学校教育的；但85%的软科学本领却不是学校教育所能够自动获得的。我们今天的学校教育，是用吃奶的力气去获得15%的专业知识，却把85%的真正的软科学的能力培养弃之不顾。这是多么荒唐，多么短视，多么无知。

为了考试，我们总是在训练，但是素养可以训练吗？情感可以训练吗？人文思想可以训练吗？优秀品质可以训练吗？而这些几乎是教育的灵魂，教育如果失去了这些灵性的、有温度的文化的滋养，一定会形容枯槁，而且不可能复原。

由此，我们就更深刻理解了爱因斯坦的话："什么是教育？当你把受过的教育都忘记了，剩下的就是教育。"学校教给你的东西是什么？就是那15%的专业知识。剩下来的是什么？就是在丰富的校园学习和生活中，包括在那15%的专业知识的学习过程中，所获得的情感、毅力、专注、

热情、探究、合作、宽容等素养，这些才是真的教育，是我们生命中不可或缺的滋养。

人的动机、兴趣、情感、意志、性格等非智力因素，不仅对智力因素产生重要的影响，也是一个人能够成才的重要因素。但真正决定人能否成才，能否成大才的还是情商。

情商是指个体在情绪、情感、意志、耐受挫折等方面的品质。一个人认识情绪和管理情绪的能力高就能产生正效应，反之就会产生负效应。

根据能量守恒的定律，这些并不傻的"差生"，他们的能量没有用在学习上，其"力比多"就用在其他方面了。比如发展了自己的某一项兴趣爱好，交了很多个志同道合的朋友，锻炼了自己人际交往的本领……而这恰恰发展了他们的情商，使他们获得了85%的软科学本领。

"优生"都在研究知识，"差生"都在琢磨人。

纸上得来终觉浅，绝知此事要躬行。知识是死的，人才是活的。而且人也是知识，而且是最重要的一门知识。把人琢磨透了，很多知识也就一通百通了。所以，"世事洞明皆学问，人情练达即文章"说的就是这个道理。

"差生"除情商获得发展之外，还有一点就是，因为屡遭打击，屡败屡战，在失意中度过人生最宝贵的几年，这让"差生"获得了丰厚的人生馈赠，体验到底层人的艰辛，从而变得宽容和博大，在不断的受挫中获得了情商之外的"逆商"。小米创始人雷军曾言，所有因素中，他最看重逆商，逆商最能锻造人才。

这样我们就能理解，为什么"差生"常常做老板，"优生"则为他们打工。因为专门性知识的获得，只能让我们做一个专门性的、技术性的人才，而唯有常年琢磨人的人，才能够管理人、领导人，成为一个企业的老总。

世界著名的企业家中，比尔·盖茨本科没毕业，阿曼西奥·奥特加也不是本科生。

而中国大企业家更是明显。李嘉诚，14岁就没有再上学。李兆基、郑裕彤、宗庆后、吕志和都没上过大学。这岂非咄咄怪事。

四、多元智能，乌龟不能和兔子赛跑

1983年，哈佛心理发展学家加德纳在《智力的结构》一书中，提出多元智能理论，从更高的层面解答了"优生"和"差生"的难题。

加德纳认为人最常见的有8种智能：语言智能、数学逻辑智能、空间智能、身体运动智能、音乐智能、人际智能、自我认知智能、自然认知智能。这8种智能每个人都有的，不同的人会有不同的智能组合。某一方面强大，其他方面就相对弱小。

比如雕塑家的空间智能比较强，运动员的运动智能较强，公关人员的人际智能较强，作家的内省智能较强等。但某项智能强大，别的智能就会相对欠缺。道理很简单，比如一个盲人，获得了敏锐的听力，却以丢失自己的视力为代价。

但由于考试的局限性，学校只强调学生的数学逻辑智能和语言智能的考察。江苏省的高考简化为语数英之后，就更加局限在这两项智能之上。这样的考试是极不公平的。智能并没有严格的高低之分，但数学逻辑智能和语言智能强的学生占尽便宜，其他智能很强的学生却被忽视，被淘汰，被打击。从本质上来说，没有"优生"和"差生"之分，是考试人为把学生分为"优生"和"差生"。

五、幸存者偏差，还是优生能够掌控未来

但这还不一定是事实，从我们内心来说，我们总觉得"优生"应该有好的未来，并且把这个当作是不争的事实。一旦事实不是预料，我们往往会惊叹，会怪异，会不由自主地夸大其词。

同理，我们认为"差生"烂泥扶不上墙，应该会倒霉，会自作自受，一旦他们浪子回头，发愤图强，取得一丁点成绩，我们又会刮目相看，认为是了不起的飞跃。

也就是说，从更大的成才概率来说，我依然认为"优生"的成才率是高于"差生"的。因为"优生"是少数，他们的成才我们能看得见，他们不成才，我们也能看得见。但是，"差生"的人数众多，我们只能看到有限的"差生"混得有模有样，一个"差生"让我们惊叹不已，以为是人间奇迹；但更多的"差生"沦落在黑暗的幕后，无声无息，成了沉默的大多数。

就算是上面所说的世界富豪，我们也知道，他们都是亿万个没有读过或没有读完大学的人中脱颖而出的人，他们不是"差生"，他们只是缺少读书机会或是个人选择而已。

正是从这个角度来说，我们还是要鼓励学生认真读书，努力做一个"优生"，但绝不能死读书，而应有自己的爱好和志向，目光远大，志向坚定，有审美，有高尚的人格，对自己的未来要做什么，能够做什么，一清二楚，而且百折不回。

"不要脸"的故事

每个老师的教育生涯里，都有一些难以忘怀的印记。当初你的一些得意之作，经过岁月的沉淀，也许会成为你永久的遗憾。而这正是教育复杂的地方，也是一名教师不断反思的意义所在。

一、"不要脸"的故事

一大早，班主任就跑过来，让我们鉴定笔迹。一个学生在市报涉及学校的报道旁写了一句批语——不要脸！

其实，写一个"不要脸"问题并不大，关键是高考前夕，大敌当前，兵临城下，有了这种愤激的思想，失去了平和的心态，问题就大了。所以，班主任决定查个水落石出。

几个老师七嘴八舌地做判断。他们调动了各种想象力，给出了许多佐证，提供了好几个"犯罪嫌疑人"，但最终还是莫衷一是。后来，班主任问到我："王老师，你是语文老师，经常批改学生作文，应该对这个字迹有些印象吧？"

我仔细看了一下那则报道。报道称："某学校国际班共39人参加雅思考试，取得辉煌成绩，通过了38人，其中高分的就有24人。他们搭上了世界一流大学的直通车。近年来，我校和澳大利亚联合办学，成效显著。国际班主要招收思想进步、成绩优良、有志于海外留学的学子。"

学生正是在成绩优良的下面画了一条横线，旁边的点评是——"不要脸！"

我是一个教师，一个语文教师，我像孔乙己受科举毒害一样，而且很严重。我每天都想着考试，彼时我正在讲现代文阅读。我敏锐地觉得这是一个现代文阅读的好材料。于是，我说："好啊，这真是好东西啊，我来处理吧。"

那天的课还有一半时，我把这个"猛料"抖给学生。我说："这是现代文阅读的好材料。请同学们认真阅读，分析这里的'不要脸'究竟有多少层含义。"

学生们哈哈大笑，兴致盎然。

我给了一些时间，并让学生做了一些交流。但两个同学起来讲的时候，还是比较混乱。

我开始循循善诱了，我说："同学们，你们要坚持对象分析法，找出这起事件中涉及的所有对象，然后，对他们作出分析和评价。"

这下，同学们的思路打开了。

有人说："'不要脸'可以指那些国际班的学生，说他们成绩优良，天知道，这简直就是开国际玩笑。"

这一点不能说没有道理，国际班的这些孩子，不少人是在高考——此路不通的情况下，选择出国这条道路的。可以说，他们原本就是学校里成绩不太好的学生。有些话尽管对了，但对的东西未必能够说出来啊。

还有人说："'不要脸'可以指这则报道的宣传人员，他们报喜不报忧，让人特恶心。"

我评价，岂止是报道的宣传人员，现实中很多职业都是报喜不报忧的。犯错了，跑得比兔子还快；有好处了，拼命要分一杯羹。学生大笑。

有人说："'不要脸'还可以指学校。当初，为了自己的升学率，不断动员这些"差生"报考国际班，恨不得把他们赶得远远的，现在他们出息了，有利用价值了，又往自己脸上贴金。"

还有人说："'不要脸'的，还可能是报社，因为很多宣传文章都是有偿新闻。"

不少学生貌似两耳不闻窗外事，其实鬼得很呢！

我问同学们："还有吗？有没有遗漏？"

后来，有一个学生说，还有评论者，就是那个写"不要脸"的人，我们没有评论到。

我们接下来分析他（她）的心理。我说："这是一道开放性的好题目，咱们好好挑战一下。"学生更加来劲。

有学生说，如果这里的"不要脸"是骂报社，那说明评论者关心社会，不是书呆子，有正义感，有良知，有指点江山的豪情，还有认识社会的敏锐。

还有学生说，如果这里的"不要脸"，骂的是国际班的学生，那么，这种酸葡萄心理要不得。

首先，国际班的学生过去成绩不好是事实，但是经过不懈的努力，现在他们取得了巨大的成功也是事实。作为同学和校友，我们应该把最真诚的祝福送给他们，并且从他们身上获得启发。

其次，更何况"成绩优良"，并非国际班学生的自我评价，我们当然不能给人乱戴帽子。

最后，骂国际班的学生"不要脸"，近似于社会上的"仇富"心理，它降低了我们自己的品位，甚至在某种程度上，等同于我们自己"不要脸"。

还有学生说，如果"不要脸"骂的是教师，那也不对。

首先，教师有过错，学生当然可以批评，但"不要脸"带有人身攻击，不符合师生关系的定位。

其次，就算是老师做的这个宣传，也未必就是他的本意，我们怎能不分青红皂白，一棍子打死呢？

最后，还有一种可能，当老师做这个宣传的时候，很可能不是为了宣传，而是表达对学生进步的一种欣喜、一种快慰。那么，这样的老师，何罪之有？

如果，"不要脸"骂的是学校，也要一分为二来看。首先，学校也是从学生的发展角度考虑，学生的利益就是学校的利益啊！还有，学校的宣传既是对学校的赞美，又何尝不是对我们的一种刺激、一种鞭策、一种鼓励呢？

看着快要下课了，最后我总结说："你看看，所谓'成绩优良'的学生，也就是你们认为成绩不咋样的学生们，经过艰苦的努力之后，已经登上了名校的直通车。高考在即，我们呢，该何去何从？"

我想，同学所要表达的绝不是谁谁"不要脸"，而是借说人家"不要脸"，来表达我们一定要"要脸"，也就是我们一定要"挣面子"，为自己呐喊，为父母添彩，为母校争光！为自己的人生挣足面子！

掌声，欢呼声，笑声……

二、无法完成的深度对话

这是我前几年的一个案例。有一次《新教育：读写月报》的编辑向我约稿，我就给她了。

后来，编辑跟我说："这个案例特别好。但还可以更好。这届高中毕业生，这些孩子今年正好毕业了。你可以深入探访他们，找出当初写'不要脸'的那个人，和他来一次深度对话，这个案例的意义会更大。"

这个创意真是太好了。当时，无端地想到了《项脊轩志》，想起了归有光在13年之后的那一段精彩的补续，我不由得信心大增，这哪里是完成一篇文章，这不就是另一种意义上的终身教育吗？

于是，我赶紧联系陶同学。陶同学还记得这件事，只是支支吾吾地告诉我，当时，确实知道是谁，只是时间长了，现在已经忘却了。看我比较失望，她又对我说："老师，我帮你打听打听吧，看看别人是否还记得，有消息，我就会通知你的。"

但后来终究没有了消息。对此，我是非常理解的。走向社会的孩子们，在找工作、继续升学的压力之下，已经没有谁会在意当初的年少轻狂了。

只是，我失去了一个弥补的机会，不能把当初的教育缺失缝合起来，以成就一个圆满的教育故事。尤其是在知道如何补救，却无法补救的情况之下，不能不说是一件憾事。

三、从"精彩极了"，到"糟糕透了"

后来和好朋友铁皮鼓聊天，彼时的他们正在研究案例写作。在深入交流之后，我豁然开朗，产生了反思这个案例的冲动。

究竟是什么因素，使得我当初认为这个案例"精彩极了"，现在又认为它"糟糕透了"。

这涉及这个案例的核心问题。首先我们要追问的是，在这个教育故事中，谁是真正的主人公？对这个问题的回答，决定了这个案例的走向。

如果主人公是老师，是我，这就是表现主义案例。

表现主义案例，最大的特点就是不自觉地表现老师的教育艺术。为了这种教育艺术的阐释，学生的面孔可以模糊，可以遮蔽，甚至可以改写。故事成了例证，它唯一的作用，就是用来证明，教师的教育艺术早就主题先行。

在这类案例中，一开始老师是无备而来的。但随着故事的走向，依然可以清晰地看出老师表现主义的手法。

课堂越精彩，表现主义就越成功。这也就是我起初认为这个案例精彩极了的原因。

如果主人公是学生，如我案例所述，这个案例就是技术主义案例。

技术主义案例强调解决问题，实质上就是"破案"，找到写"不要脸"

的人。但我这个案例，又有特殊性。这里确实是解决问题，但不是"破案"问题，而是转换成了解决现代文阅读问题。这既是课程的生成，也是对真正教育问题的遮蔽。尽管我巧妙地涉及了对学生的思想疏导和教育，但犯错学生隐藏在背景之中。

由于对这个学生的内在动机不明，我处在黑暗和蒙昧之中，只能不得要领地引导，这种引导也许有效，也许无效。没有教育的反馈，效果就无从知晓。

但有一点不可否认，这种引导有一种居高临下的味道，有一种自以为是的味道，有一种得意忘形的味道，很可能还会引起特定学生的不快，非但不能解决问题，还可能加深学生的反感和对立。

至今学生还不愿面对这件事，就是一个例证。可惜，时间不能回头，我已无能为力了。

第三种，如果案例主人公是那个特定的学生。这就属于建构主义案例了。

建构主义案例，强调通过深入学生的心灵，真实地触摸学生的所思所想，先理解学生，再解决问题，通过解决问题发展学生的内在德行。这是最好的教育方法了。

建构主义案例遇到问题时，不要先想着怎么办，而是先搞清楚为什么。把问题当成课题，甚至把问题当作科学研究来对待。遇到事情，先保持冷静。没搞清楚来龙去脉，绝不轻易下结论，而是设身处地地想，学生为什么会出现这样的问题。通过点点滴滴的现象，深入挖掘现象背后的根源和本质。最后再对症下药，针对问题采取相应的措施。

这样解决问题，不仅是有效的，而且也是科学的、人性的。把这样的故事记录下来，就是好的教育叙事。

刘良华教授曾经对"什么是最好的教育叙事"做过一个界定。

他说："能够将日常教育事件制作成引人入胜的教育故事，是教育叙事的基本精神,也是教育叙事的基本难题。"

真正的好的教育案例,要面向事实本身,努力"去蔽",把一切外在的东西剥离开来,指向事件的核心,再运用个人化教育理论进行反思,解决教育冲突和潜在冲突,达成新的动态和谐。

对老师自我而言,我们要明白,我们的反思不是自我辩护,而是对事实的尊敬,对真理的敬畏。更重要的,我们还需要爱,爱孩子,爱教育,哪怕是危机和遭遇,我们仍然要爱。

这种爱不是交易,而是一种无条件的敞开接纳。只有带着爱在写作,我们才能说,我在活着,我在教育之中,我在实践真正意义上的教育写作。

而对那些孩子而言,正如《放牛班的春天》中马修老师所表达的:尤其是面对失败的孩子时,成熟的老师要有一种深刻的悲悯。无论他有无犯大错,我都要站在他身后。对错误零度宽容,对灵魂无限爱护。

请给低分孩子一点关怀

看到新闻上全国多个查分的视频，尖叫，欢呼，拥抱，疯狂跳跃……

我完全理解，也深深被感染，孩子们付出那么多，欢呼庆祝发泄一下应该的。

但突然间，我想到那些考砸了的人，他们的父母看到这样的视频有何感受？

教育部三令五申不允许宣传状元，也不允许宣传高考升学率，一经发现将严肃处理。但微信朋友圈还是被或真或假的高分和升学率刷屏了。

考得好的学校打擦边球，你不让我宣传，但我透露给家委会，让家委会宣传，你奈我何？把自己的欢乐建立在别人的痛苦之上。有的学校招生宣传，更是踩别人抬自己。本是同根生，相煎何太急？

从学校角度来说，学生考得好，固然值得高兴，也值得庆贺。但当我们疯狂庆祝、大肆渲染的时候，有没有想过那些考得不好的学生？我们的欣喜若狂，有没有在这些学生伤口上撒盐？

当我们宣传本科过线率99%的时候，有没有想过那1%的学生，心里究竟是何感受？他们好像白花花的鱼，被潮水搁浅在沙滩上，无处藏身，无法呼吸。教育如果失去了慈悲和悲悯，那就只剩下功利和冷血！

高考过后，我们围绕着高分学生嘘寒问暖，为他们出谋划策、指点迷津。这是表达收获的喜悦无可厚非。但那些可怜的低分学生呢？

鲁迅说："无穷的远方，无数的人们，都和我有关。"更何况那是你自己的学生！他们唯一的过错就是考了一个低分，但低分怎么了，低分不是人？低分就不是你的学生？

其实，高分学生已经有高分带来的喜悦，自然有人锦上添花，反而是低分的孩子更值得同情和爱护。你不能说高分学生考高分是你的功劳，低分学生考低分就与你无关了。

所有学生都是你培养的，都是你的学生，他们都是平等的人，从来没有一所学校向这些孩子表示适度的歉意和忧伤，也没有想到这些孩子更需要指导和帮助。如果高分学生的高分是你的功劳，那么低分学生的低分是不是就是你的过错？

就高分学生来说，高兴是肯定的，也是应该的。古人也是如此。春风得意马蹄疾，一日看遍长安花，但一定不能得意忘形。

更不能因此就疏远了那些考得不好的学生，分数鄙视链比财富鄙视链更加丑恶。他们考得不好，但仍然是你一辈子的同学。未来谁更有发展前景，除了天知道，还有就是时间知道。

记得2009年，江苏某报要求采访江苏省理科第一名吴敌同学。吴敌问："你们有没有弄错？我是不是第一名？"当确信自己是第一名之后，吴敌说："状元也没什么好说的，现在是状元，不等于将来还是状元。"其实他中考就是状元，高考又是状元，正是这种谦逊，使得他永不满足，工作后，他又做到可转债基金全国第一。这才是值得我们学习的。

学校最要关注的是低分的孩子。挫折之后，这些孩子普遍自卑和迷惘，心理很容易产生问题，更需要帮助和抚慰，但很多学校忙着捧高分学生，就让这些低分学生自生自灭去了。

学校是培养人的场所，不是制造工具的车间，连工厂卖出的产品都有售后服务，但学生考得不好，却连一声安慰都没有。学校只顾着宣传自己的丰功伟绩，这是怎样的幸福者和哀痛者？这是怎样的无知者和无耻者？

我很多次看见这样的场景，高考分数出来之前，大家都是一个集体，兄弟姐妹，不分彼此，无问西东。成绩一出来，高分的一堆，低分的一堆，人为分成了两个群体，仿佛他们之间有了一层可悲的厚障壁。我常常因此而痛苦，仿佛看见了迅哥儿闰土。

老师们好好看一看。那些考得不好的学生从此宅在家里，不肯见人；考得好的学生，呼朋引伴，结伴旅游，发朋友圈，笑傲江湖……

我们要引导孩子改变这种认识，高考只是一次考试，根本不代表人生。就算榜上无名，只要不抛弃、不放弃、不丢弃，仍然会脚下有路。

俞敏洪高考考了三次，照样上北大，创造新东方——中国第一个赴美上市的教育公司；李修平高考三次落榜，自强不息，照样成为央视《新闻联播》的主播，风华绝代；孟非高考落榜，做过搬运工、送水工、保安，还开过超市，却通过成人考试拿到文凭，照样成为综艺界大咖。还有马云，曾经三次高考，考了一个杭州师大，但人家愣是通过自己的努力，把杭州师大提升了好几个档次……

还有我这个小老师，高考几次落榜，歪歪扭扭地上一所专科学校。作为语文老师，我的普通话一点也不普通，但我从不自卑。我一个小老师，仰不愧于天，俯无怍于地，行无愧于人，现在也不算一个差老师。

但这一切，都需要学校和社会多给孩子一点理解、一点信心，伸出温暖的手，告诉他们：抛弃自卑心理，勇敢面对未来，我与你同在！

在终身学习的道路上，高考只不过是一个驿站，不代表着结束。歧视低分学生是可笑的，因为命题形式、城乡差距、身体状况，甚至考试期间的睡眠质量，都有可能成为造成高考不佳的因素。

而且一生中最重要的问题，都是考试无法考察的，比如品格、诚信、道德、胸襟……这些要素才会决定我们的人生幸福。

低分从来不意味着失败，失去了进取之心才是。比学业成绩更重要的是受教育者的情感态度、精神样貌。

任何时候，我们都要自信满满，反正年轻，大不了从头再来。要永远坚持自我，相信天生我材必有用。野百合也有春天，更何况一个活生生的人？

鲁迅说："我自爱我的野草，但我憎恶这以野草作装饰的地面。"我也自爱我的高考，但我憎恨这以高考做炫耀的人间。由来只见高分笑，有谁听到低分哭！

一切胜利，首先是意志的胜利。我希望孩子们不管考得如何，都能如鲁迅先生所说："但我坦然，欣然。我将大笑，我将歌唱。"

"差生"可以改变世界

"我不能给大家许诺什么,我只有热血、辛劳、汗水和眼泪贡献给大家!"这是伟大的丘吉尔在演说,挥动永远的 V 字形手势,激情澎湃,震撼人心,蛊惑人心,横扫千军如卷席。

有人说,希特勒是被丘吉尔的一个手势,还有几篇演说打败的。这话确有几分道理。但是,丘吉尔却是一个公认的"差生"。依据我们的标准,很可能还是一个"双差生"。

小学时代,丘吉尔成绩名列全校倒数第三,遭受极大的屈辱,六年级时不得不留级。在小学转校后的一次考试中,丘吉尔不但数学不及格,拉丁文更是考了惊人的零分。

中学入学考试前,"病急乱投医"的丘吉尔,通过抓阄的方式,抓到了新西兰,于是把有关新西兰的知识背得滚瓜烂熟。第二天考试,压轴大题竟然真的跟新西兰有关。如小狗跌进粪坑般的丘吉尔,这才跌跌撞撞地考入了哈罗中学。后来一个大学老师嘲弄丘吉尔:"那孩子绝不可能是从哈罗中学的校门里出来的,他一定是从窗户里溜出来的。"

晚年丘吉尔写回忆录,他这样描述自己:"我在功课方面收益甚少,我天天计算着学期的终了,何时可以逃避这令人生厌的奴隶生活而回到家里去……"

不但学习成绩差,丘吉尔的自理能力更是一塌糊涂。把牙膏挤在牙刷上,3 岁小孩都能做好的事,丘吉尔却怎么也学不会。难怪他的政敌讥讽他,除能娴熟地点燃他的雪茄烟以外,丘吉尔不会料理自己的一切。

这些差一点也就罢了，可恶的是，丘吉尔就像搅屎棍一样，顽劣异常。有一次他站在一座桥上，准备从桥上的这棵树跳到桥旁边那棵树上。他纵身一跃，摔到地上，一下摔成脑震荡，3个月之后才下地走路，不得不在家休学了一年半。成绩更是像王小二过年一样，一年不如一年。

但让人始料未及的是，丘吉尔竟然跑到校长面前，把罪责推到老师身上，说不喜欢自己的老师，不愿意跟他学，要求调换老师，以致校长勃然大怒，对他说："丘吉尔，我有很充分的理由，对你表示不满。"

这就是温斯顿·丘吉尔，二战时全世界最伟大的政治家之一。他两次当选英国首相，晚年又无可争议地获得诺贝尔文学奖。这就是一个"差生"丘吉尔的人生履历。

遗憾的是，"差生"并没有因为丘吉尔的强势介入，就出现了历史性的转折。著名的"差生"还有很多。爱因斯坦连一个小板凳都做不好，被老师不断地骂；爱迪生更是被老师开除出校；林肯也被开除过，后来是后妈亲自教导才成才的。

毫不含糊地说，"差生"是一种历史现象，自从有了教育，就有了"差生"。连大教育家孔子也骂自己的学生：朽木不可雕也，粪土之墙不可圬也。"差生"的出现是排名教育的必然产物。

所以然者何？

应试教育的考试是选拔性的考试，既然要选拔，就必然要淘汰，根据学业成绩来淘汰。淘汰谁？当然要淘汰"差生"。就算你所有的学生都是优等生，都不会被淘汰，但是，就你那所学校、就你那个班级来说，还是会有"差生"。只要有排名，就必然会有"差生"出现。"差生"和"优生"都是相对而言的。也就是说，"差生"未必是一个事实，却是一种状态。

"差生"是老师的隐痛。老师是身，"差生"就是影，"差生"与老师形影不离。老师是树枝，"差生"就是树叶，老师可以枝繁，"差生"必须叶茂。老师是河床，"差生"就是河流，不管你愿意也罢，痛恨也好，"差生"都固执地在河床中静静流淌，最终——黄河入海流，流入社会的洪峰巨浪之中。但是，新的"差生"又会唱着歌流淌而来，生命不息，"差生"不止。

一部教育的发展史，几乎就是老师和"差生"的斗争史，是一部班级日志史，是一部血迹斑斑的考试史，是老师转差补差以致出师未捷身先死的伤心史。

既然"差生"的出现不可逆转，那么，我们老师如何认识"差生"？如何对待"差生"？

第一，没有真正的"差生"，只有差异生

没有彻底的"差生"。被别人贴了"差生"标签，不等于真的就是"差生"。现代教育家陶行知曾劝诫教师："你的教鞭下有瓦特，你的冷眼里有牛顿，你的讥笑里有爱迪生。"

在应试教育下，我们相当于让乌龟和兔子赛跑。但谁都知道，兔子的速度起码要比乌龟快上 100 倍……如果兔子不是中途睡觉的话，乌龟就算勤奋 100 倍，也绝对不是兔子的对手。

跑不过兔子，这不是乌龟的错，更不是乌龟的耻辱。这是规则制定者的问题，是我们应试教育的测试问题。我们是以奔跑的速度来衡量乌龟和兔子，但如果换一个衡量标准呢？

比如比一比谁的耐力更加长久，谁更具有游泳的特长，比如抗压性，比如不吃不喝能够坚持多久。这个时候，兔子还是冠军吗？

就算是奔跑，如果我们换一个标准呢。比如穿越一条河流，或者比赛地点选定在高山之巅，从山顶上跑下来，或者是长到 10 年、20 年的一场马拉松……这个时候，兔子还能那么轻松获胜吗？乌龟能够很轻松地穿越一条河流，很潇洒地缩起脑袋，从山顶上一滚而下，很优雅地奔

跑几十年，这是乌龟的特点所在。

所以，没有真正的"差生"，只有差异生。

心理学家加德纳的多元智能理念告诉我们：人类的智能是多元化而非单一化的，主要是由"语言智能、数学逻辑智能、空间智能、身体运动智能、音乐智能、人际智能、自我认知智能、自然认知智能"这8项智能组成。

每个人的智能组成都不一样，不同的人有不同的智能优势，也会有不同的智能劣势——譬如兔子跑得快，但乌龟耐力强；兔子能在草原上驰骋，躲过狼的追捕，却无法渡过河流；而乌龟的壳限制了它的速度，却帮它抵御了天敌的进攻。

应试教育最大的毛病在于，只按一种或两种智能来教育，来选拔，来淘汰。目前我们的教育，主要以语言智能与数学逻辑智能来选拔与淘汰受教育者，忽视了其他无限丰富的优势智能的人才。

如果按照这种方式，数学永远不及格的毛主席会被淘汰，拉丁文零分的丘吉尔会被埋没，而音乐家杨科则会直接被清退，湮没在历史的长河之中。

二、不能歧视"差生"，人本身就是"差生"

从哲学层面来看，我们不得不说，在所有的生物中，人类是一个"差生"。

夸美纽斯也说："实际上，人不受教育就不能成为一个人。"伟大的康德一针见血："人是唯一必须受教育的造物。"

人类学的研究更是告诉我们，人是有缺陷的生物，人生来就是"差生"。

相比于动物，人的缺陷一目了然。人的生物装备相比于其他动物有很多弱点。动物一出生就能跑能跳，很多动物很快就能自动觅食，自我生存。天冷了，有厚厚的毛发，遮住严寒；天热了，又能自动褪去毛发，一身清爽。有的动物还有锐爪和尖齿，既能爬树登高，防止天敌的攻击，又能啃食坚硬的食物，适应自然变换。而人在进化的过程中，这些先天的能力丧失殆尽。

小孩总是比动物"早出生"，也就是说，当动物还在被子宫保护时，小孩就已来到人世。因此，动物一出生就有相对成熟的身体系统，而人类却必须通过后天的学习才能成为人。人纯粹是教育的产物，人对教育的需要性源于人的缺陷性。从这个角度来说，教育是对人类的转差。

"差生"是消除不了的。人生而为"差生"，人就是"差生"，如何消除"差生"？这是一个悖论。

就算造化神奇，苍天有眼，最后一名变成了第一名，那么，原先的第一名就会变成第二名，第二名就会变成第三名……以此类推，新的"差生"又新鲜出炉——野火烧不尽，"差生"去又生。

人类是"差生"。懂得这一点，并不羞耻。人的伟大就在于，正因为自身不完美，有缺陷，才使得人具有不断更新的优越性。对缺陷的弥补，又使得人的可塑性大大增强。更重要的是，为了修补人的缺陷，人不断累积可贵的传统和经验，并逐渐孕育出文化。这种文化创造，不仅弥补了自身的缺陷，也不断地创造人本身，人成了一种虽不完美却不断追求完美的生物。

人类是"差生"，所以，人类不断进步。学生是"差生"，所以，"差生"不断发展。"差生"是我们的增长点，是我们的价值所在。

三、"差生"是老师存在的理由，是老师的价值所在

尽管每个老师都忌讳"差生"，躲避"差生"，但我依然不得不说，我们离不开"差生"，因为我们离不开应试。

只要应试存在一天，"差生"就会存在一天。"差生"是应试教育带

给我们的一个不受欢迎的礼物，一个伤心欲绝的烙印。但很难想象，没有了"差生"，我们该怎么办。我们这出教育的大戏还怎么能唱下去？

"差生"是基础教育存在的依据所在，是基础教育教师的价值所在，是名师诞生的阶梯所在。没有了"差生"，我们教师转差的土壤丢失了，超级教师的金字招牌损毁了，我们的生存空间就会遭受挤压。

得"差生"者得天下。

优秀的学生，谁都会教。换句话来说，优秀的学生在谁手里都能够成才。但"差生"就不一样了，"差生"是故事所在，是多样性所在，是摸着石头过河的改革所在。"差生"就像一部希区柯克的悬疑大片，不到最后一刻，谁也不知道结局是什么，谁也无法预知悬疑大片的结局。但正因为无法预知，也就充满着无数的可能性。

另外，"差生"还能够磨炼我们的意志，锻造我们对教育的赤诚和耐心，并最终引导我们逐步登高，一览众山小。

四、得天下"差生"而育之，不亦乐乎

得天下英才而育之，固然是人生乐事。但是，英才毕竟稀缺，更重要的是，既然已是英才，教师之功无非是锦上添花，甚或是画蛇添足。唯有对"差生"的锻造，乃是雪中送炭，救人于水火，显出教育之真正价值。

教育的美妙在于，在生命的某一个节点，教师和学生相遇，没有早一步，也没有晚一步，在时间无垠的荒野上，恰好相遇。这只能看成一种缘分，不管和我们相遇的这个人究竟如何，我们都将携手走过这一段旅程。这段旅程不仅是学习，还有生活和生命。

师生交流彼此的禀赋，交换各自的思想，丰富彼此的情感，拓展各自的认识，浮游于生命的长河之上。陶行知认为：先生创造学生，学生创造先生，学生先生合作而创造出值得彼此崇拜的活人。这就是教育的最大要义。

不要在乎他是什么样的学生，重要的是要在路上。现在，睁大好奇的眼睛，充满着怀疑、困惑和挑战，围绕在"问题—知识"的周围，展开一段发现问题、理解问题、解决问题的旅程。

伟大事物的魅力在展开，世界的奥秘被重新发现，伴随着永远的智力挑战和思维训练，经历原初知识涌现时的惊奇与喜悦，对问题形成理解时的豁然与顿悟，实现人与知识、人与他者、人与内在的灵魂深刻共鸣。

如果实在接受不了，那又有什么关系呢？每个人都是不一样的。我们可以在最安全的课堂上，实现我们崭新的因"材"施教。因学生现有的"材"施教；因学生可能成为的"材"施教；因我们教师之"材"，即我们教师的特长来施教；也因我们手中拥有的"材"施教。

永远坚信，每个人都是上亿个精子中的脱颖而出者，都是上帝的宠儿，都有自己已经被发现和尚未被发现的价值所在。

这个世界上没有"差生"，只有位置和特长未被发现者。很多"差生"，恰恰是对现有模式的不适应者，而对现有模式不适应者，极有可能是天才。所有的天才，都不适应模式的束缚，从而表现得如同一个"差生"。

"每个人都是昆虫，但我确信，我是一只萤火虫。"这是丘吉尔的名言。在别人眼中，丘吉尔是一只丑陋的昆虫，但丘吉尔没有放弃，而是像一只腐草中的萤火虫，努力地发光。

这个世界上，得到光明有两种方式：一是寻找光明，二是自己发光。丘吉尔选择了第二种，做一只自己发光的萤火虫。也正因为如此，他从一位"差生"成长为带领英国人取得反法西斯胜利的领袖。

让我们记住"差生"丘吉尔。每一个"差生"，都可能是天才。"差生"也可以改变世界。

为何"差生"也能成为好老师

我初中语文老师姓季。印象中,他非常邋遢,穿着一件破棉袄,冬天常常擤鼻子。我还亲眼看到他流清鼻涕,用大袖子一擦。

我的初中校园在一片田野之中。美丽的田野,一望无际。学校附近有很多池塘,池塘里有大片大片的荷叶。所以我的初中时代,既享受过风吹稻花香两岸的香,又享受过荷塘月色的美。

季老师教我们语文,还兼教生物。按照现在的教育规范,他的课基本上都像"教学事故"。他是一个老知青,还跑过江湖,流浪过大半个中国。他上课根本不务正业,书上的东西,他不喜欢,我们也不喜欢,只要认识字,一天就看完了。他最喜欢和我们说《山海经》,讲故事,吹牛逼,这是我们最开心的了。

那时候生物好像有几本书,有动物学还有植物学。季老师对植物学不甚感冒,没几天就把一本书翻完了。

但对动物学他实在情有独钟。每一种动物,他都如数家珍。讲到狼,他说他在内蒙古的大草原上,被一群野狼追赶。狼跑起来,脚步声咚咚咚的,如小牯牛跑。最后他九死一生,逃过一劫。但至于怎么逃过的,他好像不愿多说。我傻乎乎地问了几次都未果。

后来,我妈去山里的姨妈家,我姨父清早上街买菜。天色朦胧,姨父走过一座山边,突然看到一头狼叼着一只老鹅,边走边张望。姨父操起扁担,拼命追赶这头狼,追了大概 2 里路。狼显得非常狼狈,觉得这何苦呢,最后把老鹅放下了……姨父没有上街,带着老鹅回家了。听妈妈说，那只老鹅有7斤多重。

我后悔死了，可惜自己不在。我对吃鹅兴趣不大，但对狼口逃生的老鹅念念不忘。姨父从此成了我心目中的英雄。后来，姨妈出去陪读，表弟在外面做生意。只有姨父一人在家，他岁数大了，腿脚不灵便，只能坐在轮椅上。有一天突降大雨，地上打滑，姨父的轮椅在自己家的大门口上不去，最后翻倒在雨水中，冻死了。其实，很多农村的空巢老人非常凄惨。

我表弟因为这件事，很长时间都无法从自责中走出来。一个曾经追赶狼的勇士，最后却因为跨不过自家的门槛，冻死在离屋子不到2米的地方。这是岁月，也是人生，比当年戴着银项圈的闰土悲惨多了。

但我姨父不怕狼不算什么。季老师说北方人抓狼才是一绝。

他们会在白天挖好深坑，带好干粮，抱着一只小羊，躲藏到坑里去。上面用一块厚厚的木板盖好，木板上有一个小洞，仅仅能让狼的脚伸进来。

到了晚上，猎人让小羊叫起来，狼循声而来，因为够不到羊，狼只有把脚伸到板里去掏。躲在坑里的人不慌不忙地把狼的腿一把抓住。狼一下子进退不得，只有鬼哭狼嚎。

这时候，猎人一定要沉住气，果然，不一会儿就有很多狼赶来了。但终究束手无策，而且它们还感到害怕。终于，所有的狼悻悻离去，猎人从坑里站起来，抓住狼的脚，背起木板，大摇大摆地回家……

这个经典的场景太刺激了，比闰土教迅哥儿抓鸟好玩多了，经常会在我脑海里浮现。我也尝试着一个步骤一个步骤地来，我觉得如果幸运的话，我也可以抓狼。

说到黑熊，季老师来劲了，说他也曾抓过。抓黑熊必须是在雪地里，在雪地上倒一大盆羊羔血，然后在里面放一柄倒放的锋利的四棱刀。很快刀就被冻结了。

黑熊嗅到血腥味会找过来，然后就舔雪块上的血，如同吃一根大冰棒。但是里面有刀刃，黑熊的舌头就被割破了，吃的都是自己温热的血。熊瞎子越吃越开心，直到最后因失血过多轰然倒下，然后人来了，抬起它就走。

再说到鳄鱼，季老师说他吃过鳄鱼肉，有点酸，不好吃。鳄鱼的汤，非常黏稠，不用力都喝不动。我们一个个张大嘴，听得入耳入心，也馋得要命。教育的神奇就在这里。

季老师不是一个好老师。他连课本都没好好教，他当然不算一个好老师。他怎么能算好老师呢？但他不是好老师谁是呢？

这些年我们都没有忘记他的课，他给我们这些农村的孩子，打开了一扇窗，让我们想象外面的世界，感受这个世界的丰富和美好，还有神秘。他是我们最初的启蒙者，是我们的船长。我认为我受到了最好的教育。

后来我考上了重点高中，对未来充满了信心。我第一次进城就是上学。我惊喜地发现我们学校居然有一栋5层教学楼。我爬上去再下来，再爬上去再下来，精疲力竭但乐此不疲。我的高中语文老师就是我的班主任，当年40多岁，身材瘦削，胡子铁青，脸色阴郁。事实上也是如此。

记得高中第一次上课，上的是《诗经》中的《伐檀》。他的朗诵充满了恐怖气氛，口头禅是——哒。

　　坎坎伐檀兮，哒……
　　置之河之干兮，哒……
　　河水清且涟猗。哒……
　　不稼不穑，胡取禾三百廛兮？哒……
　　不狩不猎，胡瞻尔庭有县貆兮？哒……

从此，我对朗诵有了天然的惧怕。但最可怕的不是这个。班主任非常严厉。他瘦削，眼光犀利。一来班级，一股杀气就到了，寒气从我们的脊梁骨上腾空而起，似乎我们面前的杯子里的水都要结冰了。

我们全班都很惧怕他，他是阎王，我们就是小鬼。整个班级鸦雀无声，就像沉沉黑夜。那种窒息直到今天我还能感觉到。尽管早就有杀气在先，但老师还是神出鬼没，像警察，像暗探，总是在不经意的时候冒出来，把我们抓个正着。然后，就是批评，批判，批斗。

其实，可怕的不是一个老师近乎苛刻的严厉，这些都是可原谅的。真正让人难以忘怀的是老师的不公正，尤其是发自骨子里对普通学生的漠视。我一直以为，尊重是师生关系中至高无上的道德，只有它才会带来尊严，产生道德。否则，沉重就是它唯一的名字。

我的第一次高中写作，作文题是《有志者事竟成》。

我恰好有几个新鲜的材料。第一是引用毛泽东的3首诗。读私塾的时候，13岁的毛泽东就显露了自己的志向：

天井四方方，周围是高墙。
清清见卵石，小鱼圈中央。
只喝井里水，永远养不长。

后来，毛泽东离家出走，在他父亲的账簿中夹了一张纸条：

孩儿立志出乡关，学不成名誓不还。
埋骨何须桑梓地，人生无处不青山。

在湘乡县东山书院读书期间，毛泽东又写了一首《咏蛙》诗：

独坐池塘如虎踞,绿荫树下养精神。
春来我不先开口,哪个虫儿敢作声?

正是这些志向,引导着毛成为一个盖世伟人。苏轼说:"古之成大业者,不惟有超世之才,亦必有坚忍不拔之志。"

为了显示时间的跨度,我还引用了朱元璋的一首诗,作为旁证:

百花发时我未发,
我若发时遍天涯。
遍地黄金甲,
江山一把抓。
金风一动扫败叶,
独占鳌头方显它。

我的这篇作文得了81分。后来才知道,班主任打作文分,75分是一个界限。80分,则是一个极限。晚自习的时候,班主任偷偷把我叫到门外。在昏暗的路灯下,他慈祥地对我说:"你写了一篇很好的文章,是怎么写出来的?"最后,图穷匕首见,他问我:"你中考考了多少分?"

当年重点高中的录取分数线是419,我考了421。在班级,应该是倒数吧。我害怕这个话题,本能地拒绝,我没告诉任何人我考多少分。但他是班主任,应该能查到,我没办法隐藏。我羞愧地说了。在昏暗的路灯下,我敏锐地看到,他眼里的光一下子熄灭了,恢复了一贯的冷漠。他让我回去了。

那几天,我又是兴奋,又是不安,作文评讲的日子终于来了。

一个一个评讲过去,应该没有我,居然没有我,真的没有我,尽管我考了作文最高分！后来，我才知道这是班主任的理念。有一次，他公开宣扬，多年来，他从来没有见过一个中考不好的学生，能够在高考中创造佳绩。那些中考好的学生，都是他狠抓在手心里的宝。其他的，只是灵光一现，或者是回光返照，绝对不可能成为冉冉升起的新星。

原来如此！

那以后，尽管我不断地挣扎，不断地努力，不断地跃跃欲试，但他再也没有关注过我，他的目光再也没有为我做过哪怕一次短暂停留，没有一次。我的灰色高中生涯就此开始，也就此落幕。

但你不能说他不是一个好老师，他迷信分数，在乎指标，在乎学校里布置了什么任务。他严格完成上级交给的一切任务，最后他把自己都上交了。他就是这样的人。

记得整个上学阶段，他只跑题过一次。那天他是真的高兴。中日围棋赛，中国队赢了。后来知道，他是超级围棋迷，水平很高。从那之后，我议论文举例子，都是举围棋，每次分数都不太低。我知道投其所好，但他再也没有表扬过我。因为他有自己的原则，并且从不改变。

再后来，我选择了文科，离开了他的班级。

20年高中聚会的时候，班主任自然也参加了。他老了，但身体非常棒，声如洪钟。他说，在他这个年龄段，他的身体会拿冠军。晚上吃完饭，我送他回家。我依然尊敬他，但也许只是尊敬一个老人。他老了，我们也旧了。

他自然忘记我了，或许从来就没有记住，但是，那又有什么关系？

生命该成长的，自然成长。该腐朽的，也会腐朽。而所有的往事，因为永远不会重现，那些过往的沉重就会变得比鸿毛还轻，不再让人惧怕。但如果生命不断地重复呢，我们是不是就会像耶稣被钉死在十字架上一样被钉死在永恒里。永恒也是可怕的，不是吗？

我是一个"差生"，但不等于我不能成为一名好老师。道理很简单，做过"差生",才更能体谅"差生"。如果连"差生"都能够教育好,何况"优生"呢?

而好学生也未必能成为好老师,道理同样简单。好学生的优势是成绩,而老师的专业知识水平是可以提升的,但一个老师如果没有正确的学生观,如果不爱孩子和课堂,对学生没有悲悯情怀,基本上也就没治了。所以,无论是什么学生,想成为一名好老师,最要紧的还是树立正确的学生观,学会去爱。

请帮助孩子成为具有人性的人

我在《教师月刊》上看到一封信，一个集中营幸存者写给老师的一封信。这位纳粹集中营的幸存者，后来当上了美国一所学校的校长。在每一位新老师来到学校时，他都会交给那位老师一封信，信的内容完全一样，里面的内容大概是这样的：

> 亲爱的老师，我是集中营的生还者，我亲眼看到人类所不应该见到的情景：毒气室由学有所成的工程师建造，儿童被学识渊博的医生毒死，妇女和儿童被受过大学教育的人们枪杀。看到这一切，我怀疑，教育究竟是什么？我的请求是：请你帮助学生成为具有人性的人！因为只有我们的孩子具有人性的情况下，读写算的能力才有价值！

几天来，这封信萦绕在我的心头，挥之不去。

请帮助学生成为具有人性的人。否则，所有的教育非但没有意义，甚至还有巨大的反效应。

金马在《情感智慧论》里说："一流的情感、一流的智慧，一旦合流，常可导致光辉的人生；而一流的智慧、二流的情感，一旦合流，常可导致三流的道德、四流的奉献、末流的人生。"这是说情感的重要意义。但金马明显少了一项思考：一流的智慧，一旦加上邪恶的情感，究竟会造就什么样的人生？

愚蠢的恶魔并不可怕，但智慧的恶魔很可能就是人类的毁灭者。

二战中，无论是德国还是日本，许多优秀的科学家通宵达旦，研制出了大量的杀人武器，飞机、火炮、坦克、潜艇、导弹、航空母舰。这些杀人武器，助长了法西斯的嚣张气焰，提高了法西斯的杀人效率，强化了独裁者的政治野心，给人类科学史留下了耻辱的一页。因为，他们的每一项科研成果都滴着血。

渊博的知识，高超的科技，非但没有造福人类，反而打开了撒旦的魔瓶，让罪恶肆虐人间，科学家直接沦为法西斯的杀人工具。历史的教训不可谓不惨痛。最要命的是，纳粹科学家的兢兢业业，促使正义的科学家也不得不与之比拼，最终，科学成了杀人武器的研制比赛，连爱因斯坦都不例外。

当纳粹横行德国之时，爱因斯坦逃到美国。当他得知德国科学家正在进行核子裂变产生能量的研究之后，立刻写信给罗斯福总统，建议赶紧研制原子弹，防止希特勒抢先研制出威力无比的大杀器。

在爱因斯坦的建议下，1945年，美国曼哈顿计划获得巨大成功，奥本海默带领科学家率先研制出了原子弹。当蘑菇云在日本的广岛和长崎上空升腾，数十万平民瞬间灰飞烟灭。

爱因斯坦痛悔万分："提议研制核武器，是我一生中最大的错误和遗憾。""早知如此，我宁可当个修表匠。"此后的爱因斯坦成了一个反核人士，还和罗素一道发表了反战宣言。但战争机器一旦启动，政治家岂能听从科学家的呼吁？一切已经不可挽回。

历史言犹在耳。人性的重要可见一斑。

让我们看看现在的教育现状。为了追求升学率，关于人性的教育被不知不觉地弱化着。我们的学生可能是超群的高分者，但也有可能成为冷血者、施暴者。

浙江某地高二学生徐力，因为害怕考不到母亲要求的前十名，就用榔头残忍地砸死母亲。

杀害母亲后，徐力一方面"训练有素"地移尸灭迹，写字条欺骗父亲说妈妈去杭州"看病"了，并照常参加考试。但另一方面他又十分脆弱，仅仅因为母亲给他的学业施加压力，就灭绝人性地杀了生母。

清华学子刘海洋，曾两次潜进北京市动物园，用浓硫酸泼黑熊，把黑熊烧得一愣一愣的，享受一种刺激和快感。呜呼，这就是清华大学的高才生！

而云南大学的马加爵，则是因为同学之间打牌的纠纷，因为同学们对他的蔑视和不敬，就用铁锤残忍地砸死了四个舍友。

还有17岁的学生陈晓丽，收到QQ上的留言："姐，我们去烧网吧了，等我们吧。"陈晓丽马上回了句："小心点。"原来，有两个十三四岁的男孩进网吧被拒，决心报复，他们带着陈晓丽给的5块钱买的一升汽油，点燃了蓝极速网吧门口的红地毯，结果，大火烧死了25人，烧伤13人。2天后的下午，警察在家里找到刚起床的陈晓丽时，她还觉得事情与自己无关。结果，她获刑12年。呜呼，他们何尝关心过网吧里人的死活？何曾知道那些人也和自己一样，是活生生的生命？

据统计，20世纪五六十年代，青少年犯罪约占全国刑事犯罪的20%～30%，80年代以来达70%左右，而且恶性犯罪比例加重。在许多青少年暴力案件报道中，狂砍、狂刺、刀劈、砍杀、奸杀、杀父、弑母、勒毙等血腥字眼随处可见。所有这些，无不印证了我们人性化教育的缺失，生命化教育的空白。

叶圣陶老先生再三强调：教育的根本价值和目的是"育人"，是培养"自觉的，自动的，发展的，创造的，社会的"人，是"使学生能做人，能做事，成为健全的公民"。要而言之，就是教育者要目中有人，必须进行人性化的"立人"教育。

学生是我们的教育对象，他们是教育的主体，是整体的、发展中的、具有巨大的潜力和可塑性极大的群体。他们最初的走向，就是他们将来人生的走向。立人教育，教师责无旁贷。人性化教育要以人为本，具体说要以学生的可持续发展为本，以学生的个性、创造性发展为本，以学生的人格和谐发展为本，最终培养出健康个性和健全人格的学生。

教育，带有一定的严肃性，教育人性化就是让这个严肃的工作，充满感性和色彩，在尊重和体贴的教育过程中，充满浓浓的人情味、浪漫的色彩、心灵的激荡，让受教育者感受到独立的人格与爱的温馨，体验到责任的动力，享受到成功的喜悦，进而把这种温馨和关爱内化为自己的精神血脉，生根发芽，茁壮成长，化而成木，木聚成林，林聚成森，进而又影响这个社会的气候，形成一种良性的循环。

教师再也不是校园里的狱卒，而是可亲可敬的长者，是平等相处的朋友。师生关系再也不是警察抓小偷，而是互相欣赏的同路人。

作为教师，我们的工作平凡而伟大。我们是人类文明的传承者，这就决定我们必须具有较高的道德水准、教育情怀，否则就无法完成传承文明的使命。而且，这种道德必须是人性化的道德。这种教育情怀，必须是人性化的道德情怀。尊重学生个性，开发学生潜能，启迪学生智慧，完善学生人格。这是教师的社会职责所在，也是教师的道德职责所在。

纳粹和集中营离我们遥远吗？一点也不遥远，如果教育只剩下升学率和分数，如果教育不能在孩子的内心里种下美好的种子，每个人都可能创造出集中营。

为了我们将来能够在一个社会里有尊严地、安全自由地、免于恐惧地活着，进行人性化教育，帮助孩子成为具有个性的人，应该是我们的首选。

这样，当我们死了，去见马克思的时候，我们一样会说："我们的事业并不显赫一时，而将永远存在，高尚的人们将在我们的墓前洒下热泪。"

把人生意义的选择权交还学生

毕淑敏在北京大学演讲。

北大学生首先提问:"毕老师,您能否告诉我们,人生究竟有没有意义?"

毕淑敏回答:"同学们,很遗憾,我不得不告诉你们,人生是没有意义的。但是,为了度过漫漫人生,我们应该给人生赋予一个意义。"

全场掌声雷动。

应该给人生赋予一个意义。这一点绝无异议。寒冷寂寞地生,不如轰轰烈烈地死。

但是,究竟谁有资格给我们的人生赋予意义?父母,老师,还是我们自己?正是在这个问题的回答上,好的教育和坏的教育出现了分歧。

不妨来解读一个寓言故事。

国王亚瑟被俘,本应被处死刑,但对方国王见他年轻乐观,对他十分欣赏,于是就要求亚瑟回答一个十分难的问题,如果答出来就可以得到自由。

这个问题就是:"女人真正想要的是什么?"

亚瑟开始向身边的每个人征求答案,公主、牧师、智者……结果没有一个人能给他满意的回答。

有人告诉亚瑟,郊外的阴森城堡里住着一个女巫,据说她无所不知,但收费高昂,且要求离奇。

期限马上就要到了，亚瑟别无选择，只好去找女巫，女巫答应回答他的问题，但条件是，要和亚瑟最高贵的圆桌武士之一、他最亲近的朋友加温结婚。

亚瑟惊骇极了，他看着女巫，驼背、丑陋不堪、只有一颗牙齿，身上散发着臭水沟般难闻的气味……而加温高大英俊、诚实善良，是最勇敢的武士。

亚瑟说："不，我不能为了自由就强迫我的朋友娶你这样的女人，否则我一辈子都不会原谅自己。"

加温知道这个消息后，对亚瑟说："我愿意娶她，为了你和我们的国家。"于是婚礼被公之于世。

女巫回答了这个问题："女人真正想要的，是主宰自己的命运。"

每个人都知道女巫说出了一条伟大的真理，于是亚瑟自由了。

婚礼上女巫用手抓东西吃，打嗝，说脏话，令所有的人都感到恶心，亚瑟也在极度痛苦中哭泣，加温却一如既往地谦和。

新婚之夜，加温不顾众人劝阻，坚持走进新房，准备面对一切，然而一个从没见过面的绝世美女却躺在他的床上。女巫说："我在一天的时间里，一半是丑陋的女巫，一半是倾城的美女，加温，你想我白天变成美女还是晚上变成美女？"

这是个如此残酷的问题，很难回答。

敦厚的加温说："既然你说女人真正想要的是主宰自己的命运，那么就由你自己决定吧！"

女巫热泪盈眶，她看着加温，无限温情地说："我选择白天、夜晚都是美丽的女人，因为你真正地尊重我！"

这是一个极有意义的寓言故事，充满着魔幻和张力，满足了所有好故事的元素。我们完全可以从教育学的角度来解读。

首先是这个故事充满了悬念，让我们感觉到"有意思"。

为什么小品大家都喜欢看？就是因为小品创设了一个情境，然后，一个悬念接着一个悬念来演。可以说，没有悬念，就没有小品，没有悬念，也就没有好的故事。

亚瑟战败了，居然没有被别国的国王杀害，故事到这里一转。亚瑟居然被要求回答一个问题，回答正确了，就可以活，这里又是一转。国王居然荒唐地问一个大男人："女人真正想要的是什么？"这又是一转。亚瑟寻找了很多很多答案都不能满意时，女巫出现了，这又是一转。但女巫以嫁给最勇敢的武士加温为条件，这又是一转。而加温居然义无反顾地答应了，这又是一转。

问题回答出来了，即"女人真正想要的，是主宰自己的命运"。于是，加温履行诺言，与女巫结婚。在新婚之夜，他看见的女巫却是一个绝色美人，这又是一转。但女巫告诉加温，她在一天的时间里，一半是丑陋的女巫，一半是倾国倾城的美女，让加温选择让她白天变成美女还是晚上变成美女，这又是一转。加温自己不去选择，把女人的主宰权交还给女巫，这又是一转。

无所不能的女巫被加温的尊重感动，感情迅速"加温"，流着眼泪，选择为所爱的人，白天和夜晚都做美女，这又是一转。

其次，故事不仅"有意思"，还要"有意义"。

我们不妨猜想，为什么那个国王要问这个荒诞的问题？他在生活中一定遇见了这个难题，这是他生命的不能承受之重。作为生杀予夺的国王，他自然喜欢谁就是谁，但是，他却很难明白那些女人的内心。他不知道那些女人是因为他的权势爱自己，还是因为自己的富贵爱自己。同时，他很难得到一个答案：女人真正需要的是什么？

没有哪个女人敢告诉他真相，女人真正需要的是对命运的主宰权，也就是自由选择权。而女人的选择权和国王的主宰权又是矛盾的，这就是国王得不到答案的原因。

女巫也很有意思。作为女巫她应该无所不能，但她却选择以丑陋的一面来示人。退一万步来说，就算她一半时间是美女，一半时间是丑女，也可以用美女的样貌在白天示人，用丑陋的样貌在晚上与自己相对。

但她为什么要这样做？只能说她是在愚弄世人，这些以貌取人的污浊之人，只配她用丑陋的一面来面对。她要嫁给加温，除了因为加温的勇敢和英俊，肯定还有其他的考虑。因此，才会有最后的测试。"你想我白天变成美女还是晚上变成美女？"这句话的潜台词，就是我把选择权交给你，由你来选择我的面貌。

加温的回答却是："既然你说女人真正想要的是主宰自己的命运，那么就由你自己决定吧！"

这个回答，让加温获得了倾国倾城的妻子。

故事更深的寓意在于，也许每一个女人，都是女巫。

她们都能千变万化。当男人让女人自己主宰自己时，也就是尊重、疼爱女人，女人就能倾国倾城；当女人不能主宰自己时，男人不在乎她，把她当作工具，女人就邋遢不堪……

男人把自己的女人当作皇后，男人就是国王；男人把自己的女人当作奴婢，男人就是奴仆。反之，亦然。

最后，故事不仅要"有意义"，还要能多元延展。

经典故事不仅意蕴丰厚，而且具有极大的多元性、复杂性和延展性，能够在多方面给人启迪。比如在课堂设计中，我们如何持久地保持学生的兴趣，让课堂充满张力，充满思维的挑战，让学生兴致勃勃，乐而忘返？这自然有赖于悬念和挑战。

从写作上来说，我们如何让一件事跌宕起伏，更要注意营造文章的波澜。要交织着一个个的悬念，使得文章惊险刺激，发人深思。

但，更重要的，不是这些"术"，而是背后有关教育的"道"。

为什么女巫最后选择了变成美女，因为她被信任，她获得了尊重，她内在美的潜能被激发出来了。因而，她是美的，倾国倾城的。

作为老师，我们无形中得了一种强迫症，我们总想着塑造学生，甚至代替了学生体验的过程，总想着不能让学生"丑陋"，让学生美起来。哪怕学生在学校是"美女"，回到社会就是"丑陋的女巫"，我们也在所不惜。

但，我们忘记了一个基本事实：

"女人真正想要的，是主宰自己的命运。"学生真正需要的，也是能够主宰自己的命运，独立给自己的生命赋予意义。

当我们剥夺了学生的选择权，越俎代庖，学生就将被我们牵着鼻子，人云亦云，亦步亦趋，形如槁木，心如死灰，自然就成了丑陋的"女巫"。这种丑陋，又加深了我们对他们的厌恶，所以，我们称之为"女巫"，称之为"差生""双差生"，把他们贬入冷宫，打进十八层地狱，永世不得翻身。

当我们把选择权交给学生，他们就有了存在感。当学生能够独立选择，他们就会独立承担，就会产生责任感、信心和勇气。我们会惊奇地发现：他们全都散发出独特的光泽，光彩照人，青春逼人。他们都将是"美丽"的，无论白天，还是黑夜。

让学生成为倾国倾城的"美人"，还是丑陋的"女巫"，身为教师，都应该要做出正确的回答。

老师不能瞎折腾

中国原始社会曾出现三个著名的部落领袖：尧、舜、禹。

传说尧是黄帝的后代，他凭借着高尚的美德，还有丰富的生产经验，很快就被部落联盟推举为领袖。

尧十分谦逊，处理任何事情，都遵循着古老的法则。他还亲力亲为，为民生疾苦奔波，"股无胈，胫无毛，以养天下"。在尧的努力治理下，黎民百姓过上了安居乐业的生活。

传说有一年，尧独自巡游天下，体察民情。一路上有良田美池桑竹之属，黄发垂髫，怡然自乐。看见天下太平，人民闲适自足，尧非常高兴。走着走着，就来到一个谷场上，只见几个老农正在玩"击壤"游戏。

何为击壤呢？

壤是古代的儿童玩具，以木做成，长一尺多。玩时，先将一壤置于地，然后在三四十步远处，以另一壤击之，中者为胜。

记得小时候，我们也玩过一个游戏，在地上放一块厚厚的砖，每个人拿出相等的硬币，5分钱最大，把硬币垒放在砖上面，再在几尺远的地方画一条线。

然后按照抽签顺序，每个人用自己手里的铜板，在画线前击打砖上的硬币，硬币被打下，砖块就属于自己，而且能够继续击打，直到没有打中。未能打下硬币，铜板的落点，就成为下一个人击打的起点。可以两人玩，也可以多人玩。这个游戏，一直伴随着我的童年。

我觉得我们这个游戏，很可能就来源于"击壤"。

尧觉得有趣，就在一边观看。只见一个花白胡子的老头，站在30多米的线前，投掷出一块壤，擦肩而过，未能击中。另外一个老农在旁边吹牛，说，如果是我，那肯定中了。结果上来一掷，简直跟前一人相差十万八千里。人群里爆发出一阵阵哄笑……

此时正好一个路人经过，感慨一声。我们的尧是多么伟大啊，正因为尧实行德政，才会有你们的幸福生活啊。

几个老头听了，哈哈大笑，不以为然。花白胡子的老头边玩边唱了一首歌，这就是中国历史上第一首歌《击壤歌》。

据清代诗人沈德潜考证："帝尧以前，近于荒渺。虽有《皇娥》《白帝》二歌，系王嘉伪撰，其事近诬，故以《击壤歌》为始。"

歌曰：

> 日出而作，日入而息。
> 凿井而饮，耕田而食。
> 帝力于我何有哉？

翻译过来很简单：太阳出来我耕作，太阳落山我休息。掘了井就有水喝，耕好田就有饭吃。帝尧的德政关我啥事呢？

这首歌很有意思，前两句唱劳动生活；中间两句描述生存要素：吃和喝。生活劳累辛苦，但自由自在，无拘无束。最后一句"帝力于我何有哉"是抒情，如此安闲自乐，帝王的权力对我有什么用呢？这个歌反映了远古农民对自我力量的充分肯定，也表现了对帝王力量的轻视。

路人听了无言以对，低头离开了。

"帝力于我何有哉？"尧听了却暗暗叫好，感觉不到帝王的存在，歌者无忧无虑、怡然自得、自由自在，却能过上幸福生活，这才是人最本真的生命状态，治国之道就在于此。

如果人们时时刻刻体会到帝王的存在，感受到帝王的英明神武，匍匐在皇权的威仪之下，为之出生入死，奉献一切，甚至没有英明神武的帝王指导人生，自己就失去方向活不下去。对老百姓来说，这才是最可怕的。

所以每每看到一些重磅消息，或者又一重大改变，影响多少多少人，我就无端有些害怕。老百姓最需要的是安定的生活。

不折腾，比什么都重要。

最怕的就是有些人爱折腾，瞎折腾，穷折腾，不折腾不行。折腾来折腾去，结果就是把家底儿折腾光了，把工厂折腾垮了，把地方折腾穷了，把百姓折腾苦了，自己一拍屁股走了。

当然有些"能"折腾的，或许还能把自己折腾"富"了，把官位折腾"升"了，又或者把自己折腾"进去"了。

其实，一个和谐的社会，必须聚精会神地增进以民主和民生为双轴的全民核心利益，必须锲而不舍地改善包括物质生活、精神生活、政治生活在内的公共生活，必须在安定和谐中让民众免于匮乏，过上幸福生活。

老子《道德经》第十七章记载："太上，不知有之。其次，亲而誉之。其次，畏之。其次，侮之。"

这几句说的就是统治者的四个层次。最高明的统治者，老百姓知道有这个人，但他不扰民，无为而治，一切都自然而然；第二层次的统治者，具有亲民思想，老百姓都乐于亲近他，赞美他；再下一层的统治者，老百姓都畏惧他，害怕他；最不成功的统治者，就是老百姓都不在乎他，欺凌他，羞辱他。

老子谈的虽然是统治者，但我们也可以从中看出老师的几重境界。

第一层境界的老师，他们注重人的教育，是麦田里的守望者，永远不会站在舞台前面，张牙舞爪，而是隐在学生的后面，不扰民，不折腾，用温和的目光目送孩子的成长。学生只知道有这么个人，但丝毫没感到老师的威权，反而在不知不觉中，由他律变成自律，由他发变成自发，并且认为是自我的发现，很容易获得成就感和幸福感。

第二种层次的老师，水平很高，爱心很盛，对学生的关心和呵护无微不至。学生在这样的老师的教导下，具有健康的个性和健全的人格。他们喜欢这样的老师，亲近这样的老师，赞美这样的老师。

但这样的老师往往把亲近爱护学生当成一种手段，或者当成高效课堂的一种辅助，只给学生现实的教育高效，以学生考上理想大学为旨归，未能关注到学生的终身教育和人格成长，未给学生确立人之为人的价值底座。换言之，这类老师只是"达人"，而没有"立人"。故只能屈居第二。

第三种层次的老师，雷厉风行，努力树立权威人格。他们信奉"一个人人说好的老师不可能成为一个好老师"，他们追求的目标就是"畏之"。一旦告诉了学生什么该做，什么不该做，就会有令必行，有禁必止，绝不姑息，毫不手软。

学生因为害怕、恐惧，因为这种外在的压迫感，有可能暂时戒除了自身的懒惰，遵守规章，勤奋学习，并最终取得了好成绩。这就是我们常说的"严师出高徒"。

但哪里有压迫哪里就有反抗。这类老师与学生产生冲突的可能性很大，有可能造成与学生对立的情况。当然，这要取决于威权老师的教学水平。但就算他们的教育取得了实效，也仅仅是在威权之下取得的实效，换言之，教育并没有走入学生的心灵。如果换了一个老师，或者进入一所新的学校，学生的"乖巧"到底能持续多久？这是很值得怀疑的。所以这类老师暂列第三类。

第四种层次的老师是"温顺"的好好老师。这种温顺不一定是性格上的，而是一种策略性的，他们没有把精力放在提高自身的素质和教学水平上，而是放在师生的人际关系上，以为学生"亲其师，信其教"，于是，千方百计地讨好学生，以博得学生的好感。

孰料学生最为看重的还是老师的水平，"信其教"，还是信在"教"的质量上，没有金刚钻，仅仅想靠讨好学生来和稀泥，揽瓷器活，必然会左支右绌，力不从心。久而久之，学生就会不把老师放在眼里，公然欺凌老师，侮辱老师。

后两种的排法非常有意思。不论是从现实的教育效果上，还是从教育哲学上来看，在同等教育水平的情况下，严厉的老师要比温顺的老师优秀，这一点常常不为老师所接受。

"水性柔，人们都戏弄之，所以多溺死者；火性烈，人们都畏惧之，所以少有焚死者。"

可见使人有所畏，也是教育人、管理人、成长人的一种方式。而所谓温顺的水性，因为人们不怕它，就轻慢它，戏弄它，孰料当你在戏弄它的时候，也为它所戏弄。

教书育人是教师责无旁贷的使命。在这个伟大的使命中，教师要努力提高自己的教育教学水平和教育艺术水平，而且始终牢记我们面对的是活生生的生命，而不是考试的机器。教师的辛劳在于此，其无法取代的价值和意义也在此。当你把孩子工具化，孩子就会把我们工具化。

做第一层次的老师吧。引领学生探究知识的伟大魅力，把伟大魅力的知识置于无限宽广的生活背景之下，在求索的过程中，师生生命产生深刻共鸣，彼此精神交流、碰撞、升华，不断获得高峰体验。让师生都体验到人生的美好，追求真理的快乐和人之为人的高尚和高贵。

课堂是一个场所，人也不过是一个场所，仅仅是个场所，精神之流从那里经过与穿越。

老师不容易，学生也不容易

昨天晚上，我和程老师在回家路上，突然汽车报警，原来是机油要换了。我们迅速调整了计划，不回家做饭了，先去给汽车保养一下。利用保养时间，在外面的小摊吃一点。

我们去了一家小吃店，店铺不大，很温馨，于是在那找了座位，座位旁边还有一幅漫画。

漫画上一个人张大嘴，正在大吃大喝。下面有五个大字——特别能吃苦。我说："这五个字，我做到了前面四个字。"程老师忍不住哑然一笑。

然后我们点了两个菜。老板娘拿来餐具，都是包装好的，但让我们震惊的是，她还拿来小半盆滚烫的沸水，说："这是给你们烫餐具的。"

我和程老师很感动，很多人在小餐馆吃饭有烫一烫餐具的习惯，我们也有。店里不厌其烦，帮顾客提前考虑好了，这让我们感觉到温暖。做生意一定要有顾客心理，一定要站在顾客的立场上考虑问题，才能赢得顾客的信赖。

马云说，让天下没有难做的生意。这个海口夸得有点大，但他们确实研究顾客心理，把服务做到了极致。小摊贩卖鱼时，或多或少想混杂一点水，但在盒马鲜生，所有买水产的人都会发现，每次称重之前，售货员手里都有一把小剪刀，他们会先在塑料袋下面剪一个小口，让里面的水沥干，然后再称重。

我一直在思考，他们完全可以不这样做，比如拿着水产先沥干水，或者用一个网兜来称重，无须这么麻烦。后来我才想明白，这就是盒马鲜生的风格。售货员这么做的时候，就如同一个仪式，表明他们不想占顾客的便宜。换位思考顾客心理，这样顾客就会很开心。

回头我想，商家都需要把握顾客心理。我们做教育的，想把知识和能力传授给学生，难道不需要换位思考？难道不需要懂得学生心理？

生活中，很多老师的口头禅是："我们老师，容易吗？"我们很少换位思考一下：学生，容易吗？

老师确实不容易。昨天我发表文章，说起木匠刘麻子能打出最好的箱柜，看到树木就想到能做什么家什，并且能够与哪个闺女相匹配。我说，我们老师应该学习刘麻子。

有个朋友留言："请刘麻子同志关注一下病虫害防治问题、大气污染问题、土壤沙化问题。再发表一些论文到核心期刊上，比如《各种树木分枝的最佳时间与控制》，同时注意思想道德问题。"

很多人会觉得这段话没头没脑，但这段话太经典了。概括起来就是老师太不容易了！三天两头大扫除迎检，没日没夜做材料，餐前要喝牛奶"试毒"，暑期要看管池塘，还要扶贫和协助拆迁……

老师的难我们都明白，但老师的难一定也关联着学生。所以如果我们感慨自己的难，最低限度也要换位思考，想想学生的难，现在做学生也不容易。作为一个老师，一定要有学生视角，从学生的角度来思考问题。只有真正走入学生的心灵，我们的教育教学才有可能打开一个新局面。

老李曾说过一个小兔子钓鱼的故事。

> 小兔子去钓鱼。第一天没有钓到；第二天又空手而归；第三天眼看就要过去了，小兔子很失望，决定回去了。
>
> 突然一条鱼从水里跳出来对兔子喊着："小兔崽子，再拿胡

萝卜当诱饵，小心我拍死你！"

这个故事意味深长。我们印象中是小猫钓鱼。猫喜欢吃鱼，有钓鱼的习性，也有钓鱼的工具，用自己灵活的尾巴来钓鱼，所以小猫钓鱼不难理解。但这里却换成了小兔子，为什么？

我们常常说，兔子尾巴长不了，兔子是不具备钓鱼工具的。也许仅仅是为了最后的那句骂——小兔崽子。其实这不是一个寓言故事，而是一个教育故事，或者说所有的寓言故事都是教育故事。我们不妨换一个视角，假如小兔子是老师，鱼是学生。那么这个老师该不该被骂？

对小兔子而言，胡萝卜是最好的美味，但对鱼来说，蚯蚓才是上帝的礼物。小兔子坚持老师视角，以自己的喜好代替了鱼的喜好，丝毫不在乎鱼喜欢什么，鱼心里怎么想的，岂不悲哉？

教育中我们经常犯此类错误。很多老师挖空心思制造一些问题，殊不知这些都是学生知道，或者不感兴趣、味同嚼蜡的，那只是老师的"胡萝卜"。学生真正渴望得到的"蚯蚓"，我们却又忽略不计，或者蜻蜓点水。

如此下去，学生对我们的课堂感兴趣才怪呢！我们还骂学生小兔崽子，不懂得尊师重教，上课不好好听讲，真是岂有此理！

假如学生是你的孩子

教育部基础教育司原司长王文湛，曾经打过一个比方。他说，当好教师要记住两句话：假如我是孩子，假如是我的孩子。

这就是教育中的换位思考，这也是大教育家孔子最为看重的。

"定公问：君使臣，臣事君，如之何？孔子对曰：君使臣以礼，臣事君以忠。"

鲁定公问，什么是最好的君臣关系？孔子的答案很简单。领导人希望部下忠心耿耿，那么自己首先要对部下体谅礼敬，比如对下属仁慈、爱护等。人心都是肉长的，上面对下面尽心，下面对上面忠心。通过礼尚往来，下面人的忠心就出来了。

普通人的交往也是如此。儒家强调仁，仁者爱人。如何爱人？还不是换位思考！己所不欲，勿施于人！

从万世师表的孔子身上，我们做教师的，当然能汲取一些智慧。那就是"假如我是孩子，假如是我的孩子"，如此一交换，原有呆板的师生关系就会豁然开朗。

假如我是孩子，这是极重要的。

教育的对象是孩子，孩子是教和育最重要的主体，所有的教育成效都要通过孩子体现出来，孩子的感受当然最重要。毫无疑问，孩子应该成为学校的最中心，孩子应该站在舞台的最中央。

教育最重要的不是老师视角，而应该是孩子视角。孩子喜欢什么样的老师，我们就做什么样的老师；孩子喜欢什么样的教育方法，我们就采用什么样的教育方法。孩子讨厌什么样的老师，我们就绝不做什么样的老师；孩子反对什么教法，我们就坚决杜绝什么样的教法。

假如我是孩子，我会不遗余力地追求公正。孩子最反对偏心的老师，一碗水端不平。孩子只在意是非，成人才在乎利弊。所以老师一定要用平等的眼光看待孩子，一视同仁，公平对等，给予每个孩子一样的阳光和雨露。所有的学生都是我的学生，没有"个别"，没有"特殊"。

假如我是孩子，我会讲究诚信，言出必行。孩子喜欢说话算数的老师，老师任何一句话孩子都会放在心上。所以老师不能轻易给孩子们许下什么诺言。一旦许诺，就要想尽一切办法做到。如果实在做不到，那也一定要道歉，争取获得孩子的谅解。

我们常常觉得小孩子好骗，进而没把自己的许诺当回事。我们忘记了传统文化中就有曾子杀猪的故事，我们如果不遵守对孩子的诺言，就无法进行真正的教育。

据《马斯卡廷日报》报道，美国科罗拉多小学校长瑞安·卡斯特曾向学生们承诺，如果他们能为小镇秋天的狂欢节卖出1万张票，他就答应让学生们把他粘在墙上。

学生们争先恐后地去实现目标，到10月10日举行活动时，卖出了1.1万张票。卡斯特也心甘情愿让其中卖票最多的27个学生将他用花花绿绿的胶带粘在体育馆的墙上，从早晨一直到午饭时间。

有人会感觉这个校长丢脸了，但事实上我只觉得这个校长可爱，他会更得到孩子们的拥戴，孩子们会更愿意听他的话，并且接受他的教导。

假如我是学生，我会无条件尊重孩子的人格，也尊重孩子的隐私。当孩子告诉老师一个秘密时，这个秘密就成了你们之间共同的秘密，这就形成了一种契约。这是孩子给你多么大的信任，老师怎么能够辜负？所以老师一定要尊重孩子隐私，这是对孩子平等人格的一种平视。尊重孩子，包括不以美丑、贫富、成绩和荣誉来评价一个孩子，尊重应该是无条件的。

我曾经被老师欺骗过，那是初二的时候，我很信任一位老师。我告诉他，我管不住自己。我希望老师每天都提问我，让我在课堂上紧张起来。老师被我感动了，连连赞叹，表扬。

我告诉老师，千万不要当众表扬我，我不是为了表扬，而是为了监督自己。老师连声答应。但第二天一大早，老师就在班级狠狠表扬了我，并且号召所有同学都向我看齐，向我学习……

我眼里噙着泪水，一张脸，黄了又青，青了又黄，恨不得找个地洞钻进去。下课后，所有人都阴阳怪气，离我远远的，我还获得了一个绰号——假正经。我对教育的绝望，就是从那个时候开始的。

假如我是孩子，我还会虚心听取学生的意见；不讽刺，不挖苦，不体罚，不变相体罚学生；我会爱他们其中的每一个，让课堂弥漫着一种润泽的味道，让校园成为一块净土……

吉诺特说："身为教师，我具有极大的力量，能够让孩子们活得愉快或悲惨，我可以是制造痛苦的工具，也可能是启发灵感的媒介。我能让人丢脸，也能叫人开心；能伤人，也可以救人。"

但假如我是孩子，那一切都不同了。我既是主体，也是客体。我能够设身处地为自己着想。我就是我自己，我当然知道自己需要什么，反对什么，我会做出正确的决定而不是相反的决定。

再看第二条，假如是我的孩子，这一条也很重要，甚至比第一条更重要。

假如我是孩子，探讨的是教育成效。假如是我的孩子，探讨的是教育目标。前者是战术，后者是战略。

《触龙说赵太后》中触龙有一句话："父母之爱子，则为之计深远。"作为学生和作为我的孩子，教育追求和价值取向还是不一致的。

假如是我的孩子，我在乎他的健康成长，在乎他的综合素养，更希望他做人方面要超过成绩。我知道没有一个好成绩，他还能做一个好儿子、好丈夫、好爸爸，但如果成了一个王八蛋，那就一切都完蛋了，要好成绩有什么用呢？

一旦转为学生，我们的想法就变少了，成绩成了我们的第一需求。这不也是评价老师的唯一标准吗？于是，我们抓成绩，狠抓成绩，就算是烟锅，我们也得把它熏黑了。不管白猫黑猫，能够考出高分的就是好猫。

为了达成我们的唯一目标和终极追求，我们轻易忽略掉学生的健康、品行、性格和情趣。我们对孩子行走坐卧的不良姿势视而不见；对孩子日渐加厚的近视镜片司空见惯；对孩子的没有礼貌、没有感恩，听之任之；把孩子的沉默寡言看成稳重乖巧，把孩子的白发横生与失眠、憔悴看成应有的代价……

总之，我们眼里的好学生就是分数客和学霸君，舍此还有什么呢？

如果我们像教育自己的孩子一样来教育学生呢？我敢保证我们绝不会那么单一，那么急功近利。

这时候我们追求的或许才是真正的人的教育，不完全会陷入肤浅的分数第一的圈套。道理很简单，后半生我们指望的是自己活生生的孩子，而不是指望那些干巴巴的分数！

分数除了做一次敲门砖，还值几何哉？止增笑耳！

默写不能包治百病

前些天，偶然听朋友说。某有名的小学，老师让孩子默写，没默出来的孩子，就罚"蹲"。

从罚"站"到罚"蹲"，也算是某些教育方式的一大"创造"。

孩子回家说，他非常羡慕那两个默写错得少的同学，他们被罚站，站在门后，一边一个，像两尊门神。而他没能享受到这个待遇，他是罚"蹲"。"蹲"太难受了，不许坐下去，也不许站起来。到了最后，孩子连站也站不稳了，差点跌倒……

这段痛苦的经历，孩子会牢记在心，甚至会做噩梦。

下一次，他就会学乖了，我相信他会背得滚瓜烂熟，默写得轻车熟路，一字不错。但意义在哪里呢？孩子不会在强制默写下对某个东西产生浓厚兴趣。恰恰相反，很可能孩子会因为这些强制性的默写，对某个学科产生厌烦。一旦厌烦的种子埋下了，这门学科就算废了。需要机缘巧合，需要许多好老师、许多时间才能慢慢恢复起来，有的甚至会成为永远的遗憾。绝大多数孩子的短腿学科，就是这样产生的。赏识教育专家周弘曾经说过，没有安全感，就没有教育。

教育，首先要给孩子创造最大的安全感，岂能搞恐怖主义？所以，我说这样的老师不是老师，只是法西斯。另外，孩子在强制下变乖了，听话了，很多老师以为教育初见成效了，欣欣然忘乎所以。

但事实果真如此吗？

在我看来，听话儿童很可能恰恰是问题儿童，我们被听话和乖孩子害得还不够惨吗？

因为听话，我们这一代人中的一些人变得懦弱、麻木、粗糙、茫然，人云亦云，亦步亦趋，失去了独立性，失去了主见，失去了责任感，更没有担当……说得不客气些，几乎就是行尸走肉，哪里像活生生的人！

默写几乎是教育的死穴。

教育最大的问题就是默写；最要命的问题是默写还有效；最搞笑的问题是，不默写老师就不会教书了。

于是，教育中，默写横行无忌，像清澈的溪流源头被泼入一大盆墨水。

语文要默，英语要默，数学也要默。公式要默，答题过程也要默。

于是，"默"字满天飞。老师布置作业，都不忘含蓄地提醒一下，明天要默。

学生心领神会，要默的，需要准备一下。不默的，往后放一放。这一放，就彻底放下了。于是，很多时候，默写的这一根大棒，对老师而言，几乎是逼良为娼。

除了默写作业，其他的作业，学生似乎都很陌生，简直不知该从何做起。这是一个彩色的世界，不应该是一个"默片"时代啊。

与默写对应的，就是考察记忆力。于是，学习变成了纯粹识记性的学习。更要命的是，为了对付默写，学生只能死记硬背，囫囵吞枣。

语文课上，学生已经不会吟诵一首完整的诗文了，那种抑扬顿挫，一边吟哦，一边想象，沉浸在美好的意境中，被感染，被熏陶，被陶冶，以致潸然泪下，怒发冲冠，兴发感动的读书之乐全都失去了，甚至连这种读书的功能也损伤了。学生只会小和尚念经，快速地读，快速地记忆。背下来，万事大吉；背不下来，大祸临头。

而且，根据艾宾浩斯的遗忘曲线，强行记忆的东西，还最容易遗忘，老师为了对付遗忘，唯有不断地重复。

于是，在新课程的理念下，我们看到了最滑稽的一幕。一面是时髦词汇满天飞，一边是默写狠抓不懈。并行不悖，两手都很硬。

毋庸讳言，死记硬背和简单重复的默写，几乎构成了学生教育生涯的主色调。于是，创造性死了，创新性没了，活泼泼的青春暗淡了，丰富性和敏感性迟钝了，世界熄灭了。

很多年前，苏州大学的一个教授说，简单重复的训练也是有效的。他还打了一个比方：大脑里有很多通道，有的很窄，像毛细血管一样，几乎不能通行，但是，每天简单重复地通行，也会慢慢地拓宽这一条道……

呜呼，这就是默写有效的原因，愣是把毛细血管蹚成了康庄大道。默写教育是典型的血汗教育。但因为有效，所以，在有限的时间里，它还会阴魂不散，长盛不衰。

多年来，我对默写，深恶痛绝。我觉得默写对一个语文老师来说，简直是最大的耻辱。学生喜欢的东西，他读着读着，自然而然就背下来了。学生不喜欢的东西，就算背下来了，也没有用。

我还记得好多年前，我在县中读书时，每天中午，还有傍晚，我都去新华书店读书。看到好的句子和诗，我就一个人躲在角落里，背啊背，一直到背下来，一回学校，赶紧凭记忆把它默写下来，这几乎成了我最快乐的事。陆游的《钗头凤》和唐婉回应的词等，我就是这样记忆下来的。

理想的背诵和默写，应该是这样的吧。

中国科学院院士、中国科学技术协会名誉主席韩启德在与清华学生座谈时，不断提醒学生，他这一辈子最后悔的事情，就是自己一直是一个"乖学生"。

他说："如果让我再做一次大学生，我要张扬我的个性。喜欢什么学科，我就使劲把它弄透；不喜欢什么学科，拿个60分算了。我想这样才算真正有出息。"

他还说:"那时上医科大学,周围的同学包括我自己都很规矩,花了太多的时间在'念书'上,几厘米厚的《解剖学》背得滚瓜烂熟,几乎能默写出来了,'歪门邪道'学得太少。后来,我才渐渐地发现知识不是背出来的。如今,我早已忘了当时背的《解剖学》,而背得越多,创新的思维也就越受限制。"

为了救孩子,哪怕是救救孩子对某个学科的兴趣,或者就算是为了保持教师的学科尊严,请不要把默写当作教育最主要的手段吧。

第四章

工匠的精神

我毫无阅历,毫无思想准备。一头栽进我的命运,就像跌进一个深渊。

——茨威格

我心目中的教育家精神

最近教育家精神很火，全网都在讨论教育家精神。

教育家精神是什么？简而言之，教育家精神本质上就是教育行业的最高职业精神。什么叫职业精神？就是一个职业人员努力追求本职业最高标准所特有的那种精神属性。

比如NBA球员，科比就具有职业精神。比赛中，手腕脱臼了，掰直了继续干；跟腱断裂了，痛得有如万箭穿心，仍然走上罚球线；每天都能看到洛杉矶凌晨4点的天空，永远拥有一颗想要夺冠的心……这种精神被称为曼巴精神。"科神"的职业精神，激励了很多职业球员。"虽不能至，心向往之。"

教育家精神也不例外，教育家精神就是教师群体追求伟大教育家身上所具有的那种精神属性。懂得了这一点，我们就明白，教育家精神可以体现在任何一个平凡的老师身上，可以体现在任何一个平凡老师的任何一个日常教育环节上，也可以体现在任何一个平凡老师的任何一个教育细节中。

古人说，人人皆可为尧舜。我们也可以说，人人皆可为教育家，至少人人都可以拥有教育家精神。这样说来，回答什么是教育家精神，似乎简单多了。我们只要找出公认的教育家，对他们的精神属性进行剖析，基本就可以窥出教育家精神的基本样态。

在中国说教育家，绕不过去的有两个人物，一个是叶圣陶，一个是陶行知。结合这两位中国伟大的教育家，我们可以看出教育家精神的三大特质。

一是有很朴素的教育理念,理念是灵魂。

没有理念,一个教师就会失魂落魄,既不会成为教育家精神的拥有者,也不会成长为有影响力的教育家。但这个教育理念不是一种选择,而是一种原创。

原创教育理念非常艰难,陶行知在《第一流的教育家》一文中说:"依我看来,今日的教育家,必定要在下列两种要素当中得了一种,方才可以算为第一流的人物。这两种要素是'敢探未发明的新理','敢入未开化的边疆'。"

这两个"敢"字,是教育家精神真切的动人之处,不敢反思教育自然就不肯改变教育,也就不知如何推进教育。但时代在变,孩子在一代代成长,凝滞是最大的教育之"愚","敢"是教育家精神背后的魄力所在,是教育的源头活水。

没有这两个"敢"字,就没有代表教育家精神原创性的教育理念。原创性的教育理念是一个教育家的灵魂,是区别教育家和普通教师的根本指标。伟大的教育家从本土实践和自身生命体验中得出的教育理念,具有标杆性价值,对教育现实具有正确的、有益的、开创性的指导意义。

比如陶行知生活教育的理念,"生活即教育、社会即学校、教学做合一",涵盖了生活教育的内容论、场所论和方法论。

叶圣陶先生"教育为人生"的理念更加直白。当所有人都说教育要文以载道、学以载道时,叶圣陶先生突然振臂高呼:教育首先是为自己,为自己活泼泼的人生。以教育认识自己,以教育革新自己,以教育成就自己,然后能做人,能做事,成为健全的公民,这就是最好的教育,这就是学以载道,这就是为国做贡献。

由此看来,教育家精神的第一点,就是一切教育理念都与泥土相关,理念是从泥土中长出来的,是从本土实践中提炼出来的。因此这个理论是朴素的，新鲜的，带有鲜明特色的。这个理念能够引导我们走在教育家的正确道路上。

凡是把教育说得天花乱坠的，让老太太听不懂的，绝非真正的教育家，很可能是教育的骗子。

二是有很清晰的教育路径，建模是骨架。

真正伟大的教育家，都会有建立在理念基础上的教育建模。原因很简单，教育家光有理念的蓝图还不够，在传授知识、培养能力、提高审美、提升人格、解决真实问题的过程中，教育家一定会逐步建构自己的教育大厦。

这个大厦就如同一个标准的建模，理念的蓝图如何施工，如何建造，如何达成，要让人一目了然，这样才能保证理念蓝图会最后落地。教育家具有巨大的教育影响力和社会推动力，所以必要的建模很重要，教育家的实践不是空中楼阁，一定要可迁移，可复制，可推广。

比如陶行知先生的"教学做合一"，体现了陶行知"行是知之始，知是行之成"的行知思想。教学做合一，解决了传统教育学非所用、用非所学的问题。"在生活里，对事说是做，对己之长进说是学，对人之影响说是教。教学做只是一种生活之三方面，而不是三个各不相谋的过程。"

对于儿童创造教育，陶行知提出了"六大解放"。解放儿童的头脑，解放儿童的双手，解放儿童的眼睛，解放儿童的嘴，解放儿童的空间，解放儿童的时间。

日本的斋藤秋男说："我非常推崇陶先生的教育思想。鲁迅先生在1918年发表《狂人日记》，喊出了'救救孩子'的呼声。比鲁迅晚生10年的陶行知，在教育实践中发现儿童才能，开发儿童智力。……解放儿童的思想，发挥儿童的才智，让儿童做社会的小主人。他不愧为'救救孩子'的勇敢的实践者。陶先生提倡儿童解放，是为了达到大众解放，达到民族解放，最后达到世界人民的解放。陶先生的目标是远大的，境界是崇高的。他心中不仅有中国，而且有全世界。他留下的宝贵遗产，不仅是中国的，而且是世界人民的。"

叶圣陶先生也建立了自己清晰的建模。教育观，"教育就是要养成良好的习惯"。教师观，"教师全部的工作就是为人师表"。教学观，"教是为了达到不需要教"。教材观，"教材不过是一个例子"。一系列观点构造了叶圣陶教育理念的大厦。

今天有教育家气象的顾明远先生，也用一句话建构了自己的大厦。"没有爱就没有教育，没有兴趣就没有学习，教书育人在细微处，学生成长在活动中。"这句话分别从教师、学生、教书育人和学生成长的最核心最关键点入手，观点鲜明朴素，切中肯綮。

三是有很丰富的教育实践，案例是血肉。

一个建筑师的建筑实践很有意思，对我们的教育不无启发。新楼建成之后，他没有修建路，而是在几栋新楼之间撒满草籽，很快满地都是青绿的草坪。一段时间后，孩子们在青草上踩出了一条歪歪扭扭的路。建筑师就在踩出的路上修建了路。

教育者的作用，无非就是在空地里种上草，然后让孩子们用自己的脚，踩出人生的痕迹。这是从教育实践中走出来的路，也就是最好的路。

早在那个年代，叶圣陶先生就发出过这样的感叹：孩子们只知道读书，忘却将读书得来的经验加以应用，去体验四周的事物，来创造自己的新经验。换一句说，便是偏重读书，忘了人生。这是何等的恶结果。

学习如果不是从生活中来，到生命里去，这样的学习就很难致用，也很难立人。叶圣陶先生认为：教育是农业，不是工业；学生是种子，不是瓶子。既然是种子，当然要种在泥土中，当然要经历真实自然界的风风雨雨。孩子就像植物一样，为了把孩子这棵树栽培成高大挺拔的有用之材，教师决不能让孩子陷在"死读书，读书死"的沉闷环境中，应该利用课余时间开展多种多样的活动，以使学生得到全面发展。

叶圣陶先生决定在甪直五小（现苏州叶圣陶实验小学）的旁边开辟"生生农场"。"生生"是先生和学生的意思，也寓意"生生不息"。老师和学生共同开发了一大块园子，在这片园地里劳动，种下瓜豆菜蔬。一同播种，一同劳动，一同收获，一同经历，一同成长。教育为人生，教育是为了让孩子真正成长为活生生的人。这就是叶圣陶"生生农场"的教育实践。

陶行知先生的"小先生制"也是如此。为了发挥儿童的创造性和自主性，陶行知先生开创了"小先生制"的传授方法，即把儿童作为知识传承过程中的主要承担者，将文化知识不断地延绵推广的方法。它要求每个人都应该将自己认识的字和学到的文化随时随地地教给别人。小先生教会别人知识，也教会别人成为另一个小先生。这就是成为小先生，教出小先生，传递小先生。

而美国缅因州国家培训实验室用各种方法对学生进行指导，在他们学习24小时后，对材料平均保持率的结果表明："讲授5%；阅读10%；视听结合20%；示范30%；讨论组50%；实践练习75%；向其他人讲授或者是对所学内容的立即运用95%。"这充分说明陶行知先生"小先生制"的前瞻。

教育家精神的三个方面：

理念是灵魂，但理念必须代表着最先进的教育方向，帮助孩子获得健康的生活方式，成为问题解决者和优雅生活者，绝不能局限于纯粹功利或职业目标的达成。

建模是骨架，是为了达成上述的教育理念，而必须构造的实践大厦。但这个大厦不是僵死的，而是在实践中不断丰富发展的。且有一点非常确信，在获得终极目标过程中的实践始终是道德的，无可非议的。

案例是血肉。从这个大厦，也就是从这个课程中走出来的每一个人，都是课程携带者，都是课程本身，都是确立了人生的自主性和独立发展的有尊严的人。

教育最需要底线思维

有一次，我们几个朋友在一起聊天，谈到了某个人，其语言风格极具个性化，根本没有比较级，全部用最高级，气势恢宏，排山倒海。

我没有听过那个人讲话，不知道语言全部是最高级是如何使用的，但无形中却想起了有关鲁迅的一段评价："鲁迅的骨头是最硬的，他没有丝毫的奴颜和媚骨，鲁迅是在文化战线上，代表全民族的大多数，向着敌人冲锋陷阵的最正确、最勇敢、最坚决、最忠实、最热忱的空前的民族英雄。"

我估计就是这种语言风格。但人家是革命家，有这种气吞山河的胸襟和气魄。你一个普通人如此使用高阶语言，直接把人带入九霄云外，如何能够踏踏实实地做事？哪怕是领导和官员也只是人民的公仆，不该如此说话。

在某种程度上，文风就是作风。

从教育上来说，我们也喜欢用大词。某些学校办学，脱口就是三年内办成世界一流名校；培养学生，动辄就是培养未来的世界领袖。也不想想，偌大的中国，我们究竟有多少个世界一流名校？迄今为止，我们培养出来多少个世界领袖人才？提出这样的口号，如果不是蠢，那就是坏。蠢，就是夜郎自大。坏，就是欺骗老百姓。

我和朋友聊天，我们一致认为，现在最需要的是底线思维。比如教育部提出来的"发展学生的核心素养"就是如此，只是被很多人曲解。

最普遍的误解是把核心素养作为教育的最高追求。因为是最核心的，所以是至高无上的，这就失之毫厘、谬以千里了。事实上核心素养不是高标，而是底线。

不妨细细想一想。与素质相比，素养是下位概念。为何素质是素养的上位概念呢？

所谓素质，就是人原本具有的、相对稳定的、综合性的质量或品质。它包含两个方面。一是"质"，即人的"质量"或"品质"。二是"素"，即这个"质"不是短期表现出来的现象，而是素来稳定的综合性质量。

那么，这种相当稳定的综合性素质是如何形成的呢？

素质作为人的发展的结果形态，是先天遗传与后天教养的合成品，它在生命之初就被孕育，并在生命过程中逐步生成，趋于完善。

素质不全是教育的结果，更不全是学校教育的结果。借用海德格尔的术语讲，事物的质是在其"在"或"是"的过程中"生成"的，是面向未来开放的。生成性和固化性构成素质的基本特点。

作为素质下位概念的素养则不同。素养是人发展的过程形态，其特点是可教、可学、可测。因此建立学生发展核心素养体系，并据此建构可理解把握、可操作实施、可观察评估的培养目标，能够避免培养目标过于宏大而没有边界，过于庞杂而结构不明，从而真正把学生的综合素质培养落到实处。

要而言之，素养是素质的下位概念。所谓核心素养，则是最基本、最基础的底线素养，是中学教育阶段人人需要的必备品格和关键能力。未能完成核心素养的发展，就是教育的失职，就是教育的失败。这是国家层面的教育追求。

民间两大底线教育，也对我启发甚多。一个是冯恩洪校长把"合格＋特长"作为学校发展模式，最终发展出建平模式。

不是"优秀＋特长"，而是"合格＋特长"，这是需要勇气的。把"合格"作为底线，能够避免其他学生成为应试教育的牺牲品。全面发展，不意味着均衡发展；片面追求全面发展，很可能会导致全面平庸。"合格"是所有人都能开花，"特长"就是所有人结的果都不一样。

让每个人都能达成合格目标，然后每个人如其所是，都追求自己最擅长的事，使得学生的生命激情被点燃，人人都能成才，人人都有自己的发展，这就是最好的教育。

另一个是南明教育提出来的"底线＋榜样"。

所谓底线，就是最基本的要求。底线有两个关键点。一是底线要足够低，低到不能实现就对不住天地良心。要让孩子们伸手就可以够到，无须"跳一跳摘桃子"。要保证每个孩子在底线面前都能获得成功，增强自信。二是底线应该可操作，可检查，可奖惩。

管理的秘诀就在于，永不表扬达到了底线的人与事，不能把底线道德盲目升华，把底线行为宣传成一种了不起的壮举。这种将底线盲目升华，从而造成真正的底线意识从我们生活中退化的宣传方式，正在把越来越多的人带入一种不健康的心态之中。

我们应该总是表扬从这个底线中涌现出来的优秀者，使得优秀成为一种榜样的力量。

但表扬榜样不是目的，克里希那穆提曾说，榜样是有毒的。新教育人更多呈现榜样的故事、榜样的细节，用榜样的故事激励新的榜样，用榜样的细节推动更多细节，让生命有更多的精彩书写，让生命有更多的鲜活血肉。

多年来，我们的道德高标太凌空蹈虚，太不切实际了。在一个群体中，老是宣扬一种高尚的道德，这是一种可耻的行为。

每个人都有自己的道德生命力，每个人的道德都是多姿多彩的。我们只需要宣扬基本道德、基本规则就可以了，人需要焕发自己的道德生命力。

一旦匍匐在不能实现的道德神话之下，久而久之，就会失去自信，自惭形秽，就会迎合作假，成为伪君子，结果就是道德沦丧。

好教师的精神力量

前几年参加高中毕业20周年同学聚会，我兴奋极了。

追忆不再的青春，感怀逝去的年华，畅谈岁月的变迁，唏嘘别后的坎坷，参加聚会的每个人的脸上都写满了真诚、理解、欣赏。社会身份在这一刻被中止，重新回到过去的纯真年代，时间定格了，尽管我们都从沧桑中走来。

米兰·昆德拉有句话说得好："最沉重的负担压迫着我们，让我们屈服于它，把我们压到地上。负担越重，我们的生命越贴近大地，它就越真切实在。"

世界上再没有比同学聚会更有意义的事了。

晚宴之后，就是盛大的舞会……会跳的，不会跳的，会唱的，不会唱的，都尽情地投入其中，如醉如痴，如梦如幻，如泣如诉。

舞会结束的时候，没有人提示，我们都自然而然地走上前台，合唱起《难忘今宵》。

当唱到"青山在，人未老"的时候，鼻子突然一酸，我的心一软，眼泪喷薄而出，在黑暗中迅疾地奔流。相信很多人都和我一样，因为每个音调都在颤抖。唱完之后，不知谁吼了一声，再来一遍啊……

"青山在，人未老"，这句词太让人感触了。"青山依旧在，几度夕阳红。""风流总被雨打风吹去"，人，或者烟消云散，或者垂垂老矣，不变的只有那永恒的青山、轮回的夕阳。实质上就是"青山在，人已老"。也许正是这个原因，触动了我们内心最柔软的一块，心灵的闸门瞬间被打开，决堤，奔涌……

当天晚上的聚会，我们的英语老师吴文桂也来了。

高中，我的英语不好，非常自卑。农村孩子，学的都是哑巴英语，初中老师都是靠注音才会读单词的。想想看，我们的英语是什么水平？但重点高中的吴老师一点儿也不嫌弃我们。

有两件事，至今想起来都会流泪。

有一次，吴老师对我说："开东，你个子高，又英俊，将来英语学好了，可以做一个翻译。多好啊！"她再三感慨。

这次普通的谈话，经过了这么多年的风霜雨雪，依然深深地印在我的脑海中，成为我对教师情怀最初的认识。其实我裸高只有175厘米，长得也不帅，但老师话仍然让我感动有加。

还有一次，好像是暑假，吴老师把我叫到她家里。

她的家在一个木制的阁楼上，是二楼，临近学校的后门。那栋楼充满着神秘，每当我们从那走过，都要张望。吴老师的爱人是刑警队大队长，姓彭。彭大队长高大、威武、帅气，不怒自威，是我们心目中的英雄。

当年，无为市最大的黑社会头目黄大宝，据说手上有人命，还有黑保护伞，最后就是被彭队长打掉的。在长江边，一个黑社会的老大，一个英勇的刑警大队长，互相对峙……最终彭队长制服了黄大宝，把他狠狠地踩在脚下。黄大宝后来被执行枪决，一代枭雄结束了他可耻的一生。但这个名字，在很长的一段时间里，成了一种禁忌，没有人敢随便提起。可见，黄大宝当时的势力有多么大。

诸如此类的小道消息，在社会上暗暗流传。我们喜欢，并因此对这栋小楼充满了好奇。

有一次，吴老师让我们给她家搬蜂窝煤，我终于有幸走进了那个小楼。可惜彭大队长不在家。搬好之后，她打水给我们洗手，等我们洗得干干净净，她就拿糖果给我们吃，每个人的口袋都塞得满满的。我怀疑那些糖果，是她早就准备好的，否则不会有那么多。农村的孩子，舍得力气，特别是帮老师干活，何况还有糖吃。

但这次不是搬蜂窝煤，因为去的只有我一个。

吴老师给我倒了一杯茶，袅袅青烟，歪歪斜斜地横过去。我喝了一点茶，非常苦涩，感觉不太适应。那个时候，我哪里喝过茶？

吴老师说："开东，你来，我找一些杂志，你带回家去看。"

我走了过去，吴老师已经钻进床底下去了。她双膝跪在水泥地上，只剩后半个身子在外面。吴老师有点胖，这个姿势很不雅，我的眼泪差点就下来了。

一本一本的书，从里面递了出来。

"这本是好的，这本也不错，这本也带上吧。"总共有11本。

吴老师说，假期太长了，这段时间非常重要，是补救英语的好机会。那些书都是《中小学英语教学》。后来才知道，那些都是老师看的书。吴老师也许是病急乱投医。

回家之后，我每天都看，但一点也看不懂。我之所以坚持看，就是不想对老师食言。我做到了，但英语依然很烂。

因为英语没有学好，高考我受到了很大的挫败，但我从来都尊敬吴老师，对她充满着好感和感激。一直到今天，我依然认为，在英语上，我受到了最好的教育。

现在，和吴老师在一起，我搀扶着她，如同搀扶着自己的母亲。她一直慈祥地笑，并且多次表示，想请我们吃饭，她亲自烧。我们当然不会答应，她就急，不知道怎么喜欢我们才好。

她现在在老年大学义务兼课，那些老人们可听话了，学习的劲头非常足，吴老师的生活非常充实。只是，好多年前，老彭就病逝了。她，一直就独身着。她说，这样很好，落个清净。但我想，也许她是忘不了老彭吧。

我们谈起过去的点点滴滴，说起她那么多的好，她就像小姑娘一样羞涩地笑了。要不就是迷茫地睁大了眼，她已经记不起来了。而这，正是一个老师的高贵之处。

除了英语吴老师，还有一位老师让我们终生难忘。他是我们的数学老师。

20多年后，有一次我和海明校长聊课堂，非常兴奋，有知音之感。酷爱哲学的海明，从大学时代就攻读马克思、恩格斯、海德格尔、黑格尔等人的哲学，他又是执教物理学科的，由于受哲学影响，他对任何事物的本源，都极为感兴趣。

他所有的教学都建立在本源的基础之上，比如执教力学，力这个概念已经泛滥了，反而导致力被遮蔽。如何去蔽？他总是不急着介入概念，而是带着学生天马行空，寻找宇宙间各种各样的力，从力最初的样态和起源寻找、探析、归纳，一步步引出力，深入力的机理，探究力的奥秘，从而破译有关力的规律和公理……

我们达成课堂的很多共识。老师是慢的，学生可能就是快的；老师是笨的，学生可能就是聪明的；老师是碎片化的，学生可能就是系统的……没有老师的慢、笨和碎片，可能就没有学生的快、聪明和系统。

老师帮学生建构了一个精美绝伦的系统，但对学生而言，那只是别人的房子，他连租客都不是。所以说没有老师的碎片、零散、天马行空，就没有学生的整体、建构、系统与和谐。

学生只有把这些零散的碎片的东西，整合到自己的知识结构中去，打破自己的认知，使得自己先失衡，然后重新梳理整合达成新的动态平衡，这才是真正的学习。学生必将在这个主体的、主动的探究过程中，获得求知的巨大快乐和高峰体验。

我再一次想起了我的高中数学老师。想想吧，我是一个语文老师，但 20 多年后，我还在感慨我高中的数学老师，感慨他的教育，可见我对他的印象是多么深刻。我初中的数学是老大难问题，考取重点高中，完全是瞎猫碰上死耗子，因此我对数学极为恐惧。

上高中的第一堂课，老师告诉我们，高中数学与初中数学基本上没有关联。任何人从第一堂课开始，都在同一条起跑线上，都有可能成为数学王子。如同一个被宣判死刑的人，突然间获得假释，还可以改过自新，我觉得我一下子遇见了救命稻草……老师开始讲几何，从生活入手，果真不难，果真很有趣。

那些年，凡是老师执教的学生，没有一个人不沉迷数学，没有一个人不被数学的美征服，也没有一个人数学不好。

老师最大的特点就是喜欢讲概念，他讲的每一个概念都从生活入手，带我们弄明白概念的本源。对于定理，其他老师会让学生背下来，直接拿来就用，只有他一定要带着我们重新经历定理的证明全过程，他对此乐此不疲。

他指导我们订阅《数学研究》，上面没有题目，都是一些数理研究。当时这个杂志都是老师或者教授们看的，他居然带着我们中学生去看。他告诉我们一个奥秘，一切数学都是运用数学的定理或者模型去解决问题的，懂得了定理的内在奥秘，获得的将是数学思想。

上课时，他让我们先看书，慢慢读，一个字一个字地读，他就在班级里慢慢踱步，若有所思的样子。每节课，他只讲三道题目，全部一笔一画抄写在黑板上，他的粉笔字是一绝。

抄写好，他也不讲解，让我们先做，他还是慢慢踱步巡视。第一道题，一定是帮我们认识概念，全班同学至少 90% 的人一会工夫就做出来了。他一看差不多了，偶尔说一两句话，也不讲题。这一两句话，我们全部竖起耳朵听，比金子还金贵。

然后，他让我们做第二题。我们惊讶地发现，第一题虽然简单，但如果没有第一题做铺垫，第二题就没有方向。按照第一题的路径，第二题很快也就会做了。一般来说，这道题，全班大概有60%的同学会做。他仍然在踱步，巡视，偶尔会和同学交流，不管你懂不懂，他和你说的话，不超过三句。或者让你看看某一页，或者让你看看某一题，他从不给我们具体的方法，更不给我们讲题。

但只要我们听了他的提醒，总会豁然开朗，然后获得巨大的学习快感。这都是我们自己的发现，我们自己看得见的进步，我们每天都感觉到自己在拔节成长。

最后到了第三题，也就是所谓的压轴题，能做出来的学生一般不超过20%。他还是在踱步，我抬起头，发现那时候他已有一丝白发，但头发仍被梳得一丝不苟。他穿着大衣，风度翩翩。大家都在冥思苦想，谁都想成为班级第一个做出来的人，或者是第一个想出思路的人，这简直就是无冕之王，这个人简直不要太幸福。

老师问，有同学有思路了吗？于是，一个一个的学生举起了手。举手的人，目光巡视班级，踌躇为之四顾。老师还是等待，直到将近20%的同学都举手的时候，他才开始讲解，还是寥寥几句话，但他的点拨总是精妙无比，绝大多数同学恍然大悟。他也绝不多说话，总是讲到最精彩之处，戛然而止，而铃声也正好这时候响起。

每天晚上，我们最重要的一件事，就是整理老师的数学笔记。有人就整理最后一道题，我是整理三道题。那个笔记本是我高中阶段的瑰宝。每次考试之前，我都会复习一遍。

老师对我教育教学的影响，无与伦比。他让我找到数学的自信，也找到做学生的自信，虽然我还是很慢地做题，几乎从来没有成为每天先做出来第三题的那一位。

我们班有个姓汪的同学。第一天的课堂上，老师最后的问题是两个集合包含的数字若完全不相同，它们的交集是什么。我们很多人的回答都是空集，汪同学的回答是含有一个空集子集的集合。我们都佩服极了。三年后，汪同学成为我们县高考预选考试的状元，后又成为高考状元，一个人连续成为两次状元，这是极为罕见的。

老师让我真正意识到数学的美，就像诗一样美。那年高考，数学难极了，我做不出大题目，但我就把小题做得尽善尽美。我心里想我一定要对得起老师的教导，不能太丢脸。最后成绩好像是 99 分，居然是一所重点中学文科数学第二名。但因为我的英语太差了，第一年差 59 分，落榜了，然后我开始了复读生涯。

当我做了高中老师之后，我把笔记给我第一届的学生传阅，最终被某个学生藏匿了，终不知后事如何。我是一个语文老师，因为失去了中学的数学笔记，居然失魂落魄了很久。好教育的魅力就在于此。

这所学校是安徽省无为市第一中学，这位老师是鲁先荣老师。

英语吴文桂老师，数学鲁先荣老师，他们不仅教书育人，而且善教善育，更重要的是，他们把自身的善良儒雅以及价值观，一点点传递给我们。这样的老师堪称大先生，这样的课堂堪称大课，这样的教育才称得上是好教育，好教育让人一辈子念念不忘！

名师成长的五大境界

在北京期间,我和朋友一道去北京门头沟韭园拜访她的叔叔。

朋友的父亲和公公都是四野的将军,朋友家的先生也是。朋友是部队文工团出身,复员后在北京师范大学从事教育输出,与我偶然相识,故而有幸乘坐她的车,游玩了北京周边的一些地方。

韭园号称北京最美乡村。这个小小的乡村,因为诞生了两大历史名人,而声名大噪。一个是"断肠人在天涯"的作者——马致远,还有一个居然就是铜豌豆——关汉卿。历史上的元曲四大家,没想到有两人是老乡,他们携手生在韭园,可见韭园非同小可。

朋友的叔叔原来是北京卫戍部队的一位将军,转业之后进了一家国企。因为工作地点离家太远,干脆在韭园的山顶上租了一所房子,也不贵。稍作修葺,极为雅致。

下班之后,远山近水,尽收眼底。清风明月,敞然于心。既能呼吸自然轻灵之气,又与皇城与黄尘隔绝,岂非人间美事?

我和将军聊得很好,随性参观将军的书房,大量的墨宝,让人爱不释手。将军每天要练3个多小时的字,有时候,竟至废寝忘食。而且练字的内容绝大多数还是原创。

当天我欣赏将军的一幅字是将军的一首诗。

九龙山下野花旁,

元宋圣贤集一庄。

词雅曲幽古韵在,

天清地朗水流长。

喝茶的时候,我随口问将军,您的书法已经到了什么境界了。

幸亏随口一问,由此了解到书法界有"唐、宋、元、明、清"五境界之说。

所谓"唐",乃是喜爱书法之人的第一个境界。

此时,沉迷于书法之中,如醉如痴,如梦如电,不疯魔,不成活,感觉到书法艺术的"甜",这就是"糖"的境界。

所谓"宋"者,乃"送"也。

这个时候书法偶有精进,抓住每个人都要分享一番,享受他人赞美之声,飘飘然,感觉到在收割,在云端,在天堂。恨不得给每个人都"送"一幅字,贴纸,贴墨,贴写,贴裱,贴钱,一贴到底,但乐此不疲,醉在其中。这就是"送"的境界。

所谓"元"者,金钱也。

书法突飞猛进,业界声名鹊起,墨宝墨宝,"墨"既然变成了"宝",当然就有了价值。为金"元"创造也是快乐的,大笔一挥,物质和精神双重丰收。这是"元"的境界。

所谓"明"者,"名"也。

尽管名利不分家,但逐利到了一定阶段,也会有浮生若梦之感。更重要的是,到了一定阶段,钱就是一个数字,倒不如求名。历史上的富翁多如牛毛,但真正"立德、立功、立言"之人,却少之又少。

最后的境界是"清"。

到了最后,书法之人,洗去功利之心,看破误煞人的"功名"二字,"不义而富且贵,于我如浮云",真正回到书法本身。看山还是山,看水还是水,沉迷在其中,书写就是快乐,就是满足,就是高峰体验。这个时候，外在的一切都烟消云散，内心一片澄澈，宁静如水，云淡风轻，是为"清"。

根据全息理论，所有的故事都是同一个故事。虽然将军说的是书法的五个境界，我所想到的却是教师成长的五个境界——"唐、宋、元、明、清"。

首先，刚当上老师时挺神气的，带着一帮小屁孩，跟在自己屁股后面，孩子王做得有滋有味，这是指点江山，少年不识愁滋味的"糖"；

其次，是教有小成，以为窥得教育教学的奥妙，独辟蹊径，一切来自我之独创，但又特别渴望获得大家认同，于是，到处请老师来听课的"送"；

再次，是声誉鹊起，东奔西走，传经布道，秋去冬来，各地讲课获得劳务费的"元"；

从次，慢慢不太在乎"元"了，只在乎会议的规模、层次，希望在更广的层面上宣传自己的思想理念，本质上这就是求"名"。

最后，最高的境界，就是回到教育的原点，教育本身就是快乐，因而心静如水，心平如水，心清如水。高朋满座，不会昏眩；曲终人散，不会孤独。

这就像每个人都有一个自己的园子，我们在园子里挥汗如雨，辛勤耕耘。我们从来没有想过要卖里面的花草树木，我们仅仅因为喜欢而做，耕耘本身就是快乐。

这样的理想境界就是"清"。这个境界，就是陶行知的境界，就是叶圣陶的境界。虽不能至，心向往之。

细数全国风流人物，能有几人与？

教师要有工匠之心

看到央视上的一则广告《致匠心》,非常受触动。

著名音乐人李宗盛和世界著名跑鞋纽巴伦的一位工匠,两人交替出现,各自制作自己的伟大作品:一把吉他和一双纽巴伦的跑鞋。

他们聚精会神,精心雕琢,不断打磨。画外音随之响起:我知道,手艺人往往意味着固执、缓慢、少量、劳作,但是这些背后所隐含的是专注、技艺、对完美的追求。所以,我们宁愿这样,也必须这样,也一直这样。没有理所当然,就是要在各种变量可能之中,仍然做到最好。

伟大的工匠充满了人性之美。

我想起了高尔斯华绥笔下的哥斯拉兄弟。这对兄弟都是鞋匠,他们说做鞋子是一门手艺,并对这门手艺充满了敬畏之心。他们精选最好的皮革,亲手缝制每一双鞋子,把灵魂都缝进鞋子里去了。在机器大生产到来的时候,别人都舍弃质量,追求时间和金钱,他们却固执地坚持手艺人的规矩——20年不涨价,先订后付款,可以赊账……他们一针一线地做鞋子,恪守职业道德,宁可饿死也不偷工减料……

还有《红高粱》中的罗汉,一辈子酿高粱酒,酿酒就是他的命。他认为高粱也是有灵性的,高粱酿成了酒,仍然是活着的,依然日日夜夜在生长,直到成熟到极致,十里飘香。

正因为如此,老实巴交的罗汉,才要疯狂地阻止日本人,阻止他们砍掉快要成熟的高粱去修路。高粱是酿酒手艺人的命根子。目睹着高粱被白花花的斧头砍倒,罗汉的心滴血了,愤怒的罗汉趁着夜晚放跑了修路的马匹，一把火烧了日本人的窝棚。因为热爱酿酒，连带热爱酿酒的原料，为了它宁肯献出生命，这就是手艺人。

很多时候，人们完全忘记了自己，沉浸在自己的技艺中，他们所做的一切都是为了打造自己的作品。他们把灵魂灌注进去了，作品中有自己的血和肉、自己的心，作品就是他们自己。

我被他们深深感动，很多教育者缺少的就是这种"工匠之心"。

在很多人眼里，"匠"可能是实用的，也是精巧的，但绝不是艺术的。"匠"是规矩、束缚、再现的代名词，他们守成有余，创新不足。伟大如韩愈也要鄙视匠人，他说："巫医乐师百工之人，君子不齿。"这里的"巫医乐师百工之人"，就是我们所说的"匠"。

鉴于此，很多老师勇敢地喊出口号：不做教书匠！

热血沸腾！血脉偾张！

但这些年，我们实在被口号和愿景害苦了。不想当元帅的士兵不是好士兵，不想当士兵的元帅也绝不会是好元帅。一个元帅不精通士兵的业务，不了解自己士兵的所思所想，不是从士兵中血汗中干出来的，这个元帅能做得扎实吗？

从教育的角度来说，人人都不做教书匠，谁来踏踏实实地教书呢？不想当教育家的老师不是好老师，但全部老师都做教育家，却是危险的。教书的都是教育家，对我们的教育来说也许是更大的灾难。

因为现在有些所谓的教育家，教而优则仕，常常在天上飞来飞去，传经送宝，何尝真正有时间深入孩子的心灵，施肥，浇水，拔草，辛勤耕耘呢？

我们不止一次目睹这样的场景，某"教育家"执教某某班级，一开始家长们奔走相告，欣喜若狂，但一段时间下来，"教育家"马虎了事，刚愎自用，学生成绩一塌糊涂，家长们苦不堪言。

我的一位老领导一直坚持乡村教育，他的方法很陈旧，他就像一个匠人，一天又一天，一年又一年坚持下来，硕果累累，瓜果飘香，深受家长和学生的爱戴。他有一句经典的名言："高射炮打蚊子不好使，真正拼刺刀，打硬仗，还是要靠我们这些人啊。"

其实，如果真正能够把教书匠做好了，我们的教育就好上天了。

这些年，我们的创新理论层出不穷，今天学苏联，明天学老美，后天学日本、芬兰、新加坡……我们被创新理论吞噬了，忘记了教育不就是教书育人吗？何有他哉？

我们常常说要更新我们的教育观念。其实教育观念不在于新旧，而在于真假。

孔子的"教学相长，因材施教，有教无类"旧不旧？叶圣陶"教是为了不教"旧不旧？这不都是教育的真谛吗？任何时候也不会过时。但我们被创新绑架了，很多好的东西，因为不具有创新的要素，所以被我们毫不犹豫地阉割了。这些年，我们就像猴子掰玉米一样，对教育理念掰一个扔一个，最后既没有传承，也谈不上创新。教育变成了一个十足的死魂灵，无根也无叶，有魂也无魄。

不妨具有工匠之心，就做一个教书匠吧。

对教育者来说，具有工匠之心，第一是要耐得住寂寞。

人生很多事急不得，你得等它自己熟，教育更是如此。教育中我最在乎的就是"悟"，"悟"需要闲暇，需要毫无压力，需要安全感，需要舒张，也需要时间来保证。

做教育，就得像个手艺人，沉浸在专注、激情和挥汗如雨的光阴里，享受这件事情本身所带来的痛苦和幸福。没有痛苦的教育，不值得一提；没有幸福的教育，不值得一谈。

哲学家说，人是被抛在这个世界上的，但人不能孤独地活着。于是，每个人都是匠人，都通过自己的作品与世界对话，透过作品告诉人家我心里的想法、我眼中的世界、我生活的诉求。

但这一切都需要时间，需要发黄岁月的慢慢积淀。

世界再嘈杂，匠人的内心却需要绝对的安静和安定，面对大自然赠予的素材，他们只有先成就它，然后才有可能成就自己。

譬如在选择小提琴的木料时，匠人非常在意树木的年轮。在他们看来，每棵经历岁月洗礼的大树中都藏有一个精灵，而这个精灵正是一把小提琴的灵魂。木料选出，风干切割后，他们将其放入一个终年不见阳光的房间4~5年。这样，本来混沌的木板就有了灵异，万籁俱寂中那些曾经吐纳的自然之气、收藏的百鸟之声，才会像沙漏一样从木头中渗透出来。

琴的制作如此，人的成长也是如此。

真正的教育者，绝不追求所谓的多快好省。所谓的高效课堂，不过是教育功利化赤裸裸的表达。教育不是工业，而是农业，像中世纪古老的庄园生活，缓慢从容，教育就像怀春，就像缓慢成熟的爱情，种子和灵魂都喜欢安静，在和煦和温暖中，春风化雨，潜滋暗长。

第二是要聚精会神，认真打磨。

工匠之心能够过滤俗世的种种杂念，最重要的是，它能净化人生而为人的最大弊病——自私。当教师怀着工匠之心做事时，一言一行都会融入教育者的人格魅力。教育美在聚精会神，美在如切如磋、如琢如磨。

奥地利作家茨威格曾经拜访过罗丹，那时候，茨威格还是一个三流作家，无论怎么努力和挣扎，就是突破不了自己的瓶颈。

罗丹热情邀请茨威格去自己乡下的雕刻室去看作品。但他却突然像疯子一样，沉浸在一尊已经完工的女性半身像前，喃喃自语，手里拿着黏土，不断修改。1个小时，2个小时，罗丹沉浸在自己的作品中，忘记了茨威格和整个世界，直到3个多小时后，罗丹才恍然醒来……

这是茨威格人生中最重要的一课，他说："一个人工作竟然可以专注到完全忘记时间、空间与周围世界的存在，实在是令人钦佩和肃然起敬。

这种完全忘我的境界也使我得到了空前绝后的感动。这3个小时我没白等，它使我把握住了一切艺术、一切事业成功的奥秘，那就是4个字——聚精会神！"

这就是悟。对工匠之心的领悟，使茨威格深刻认识到自己在文学道路上之所以不顺，就是因为功利心过重，以致作品浮浅急躁，深度不够。从此，茨威格成了另一个匠人，聚精会神，慢慢打磨，沉静得如同一块苔藓斑斑的石头，《一个陌生女人的来信》等经典作品，源源不断地出现。

第三还要有一颗简单的心灵。

大道如简。匠心就是用简单的心做最单纯的事。喜欢匠人，尊崇匠心，喜欢他们匠心独运，熟能生巧，也喜欢他们巧夺天工。

靠手艺过活，不需要辨识与选择，无争，无怨，直面无常，将人生以最简单的方式进行下去。

朱敦儒的《西江月·日日深杯酒满》写得好。

> 日日深杯酒满，朝朝小圃花开。
> 自歌自舞自开怀，且喜无拘无碍。
> 青史几番春梦，黄泉多少奇才。
> 不须计较与安排，领取而今现在。

不须计较，也无须安排，作为一个农民的儿子，我也是这样。我从不相信别的，我只相信我的双手，相信泥土，相信我们曾经对岁月许下的诺言。

一切艺术都需要专注，专注就是聚焦，聚焦就是不及其余，任凭弱水三千，我只取一瓢饮。世界是复杂的，唯有用极简的心，才能造出世界上最美的物件。这是生活的哲学，也是生命的辩证法。

极简，当然不是单调，更不是乏味，而是用沉静的敬畏之心，塑造出有灵魂的活生生的作品。

譬如，奢侈品的另一面，不是极致的华贵，而是自然而然的简单。因为那是一种依靠积累、源于传承的工匠精神，这种精神无法瞬间获得。

香奈儿一直与乡下一个老手工艺人合作，由一个老太太负责制作香奈儿服装的一些配件，而且一合作就是几十年。真正手艺人的作品，是机器无论如何也做不出来的。因为它们没有灵魂，眼睛里没有泪水。

侯孝贤为纪录片《盛世里的工匠技艺》接受采访时所说："我们之所以喜欢手工的东西，是因为我们的美感来源，就是在这历史久远的技艺中逐渐形成的。"

是的，我们的教育艺术也是如此。

真正古老的教育，都是"手工"的。杏坛之上，弦歌不辍，老师们耳提面命，一张嘴，一块黑板，三尺讲台，一支粉笔写春秋。

老师为何要有崇高感

前几天，我写《守夜人誓词为何感动老师》。说实话，看到守夜人誓词的时候，我简直就是热血澎湃，恨不得老夫聊发少年狂，锦帽貂裘，千骑卷平冈。

文怀沙老先生怎么说？少要沉稳老要狂。少年血气方刚，容易冲动，所以要三思后行，首要的是沉稳，沉住气代表着一切。

老了，肉体的生命不断腐朽，如果暮气沉沉，死气沉沉，生命之火很容易就枯萎了。所以越老越要猖狂，运筹帷幄，决胜千里，挥鞭断流，舍我其谁？

但就有老师提醒我："王老师好，老师已经不堪重负了，就让我们做普通人吧，不要把光环加在我们身上，道德绑架我们……"

我哪里想要把光环加在你们身上？我不就是你们？我们根本就是一群逃避光环的人。譬如我，我喜欢安静，一个人躲在角落里，或者就是一直渴望回乡下，有一个小院子就好了。

但我想告诉大家，活出崇高感，不是道德绑架，更不是请君入瓮。这是我们的自我评价，是我们奋斗的理由，也是我们工作的意义所在。

我们都是普通人，但普通人不等于不重要。所有人都在生产物品，只有我们在培养人！滴水汇成大江，碎石堆成海岛。这个世界上，绝大多数都是普通人，由普通人创造并且改变这个世界。

毕淑敏告诉我们："我们是普通人，但我很重要。"你只有自己觉得重要，你才会变得厚重。你只有觉得自己工作有意义，有价值，你的生命才是值得的。当你觉得崇高，你就活出了崇高感。伴随着崇高感，你会产生责任感，生命气象会焕然一新。当然你还会变得快乐，你会自重自爱，昂首挺胸，连身体的免疫力都会加强。老师不敢生病，身体一定要好。

有一年我随队去美国。那个给我们开车的外国老司机，60多岁，满头银发，风度翩翩，完全是一个绅士。他掐的时间都精确到秒，没有早一步，也没有晚一步，不到说好的时间，他绝不出发。

每到固定休息地点，他就慢慢享用他的咖啡。他穿着一套白西装，裤子烫得笔挺，站在那里简直玉树临风，巍巍乎高哉。应该说，这个老司机比自由女神像更让我震撼。

一个普通的司机，他尊重自己的职业，热爱自己的工作，不卑不亢，活出了崇高感和自信力。这是我那次旅行的一个重要收获。

前几天我和一个好朋友聊天，他从一所著名学校出来做私立学校校长。他特立独行，走了一条与人家完全不同的道路，人家接受高分段学生，他偏偏接受低分段学生。他的判断是，当大家都争着抢着做高端的时候，低分段学生怎么办？低分段学生永远是有的，不缺生源，把这些孩子教好也很重要。

事实也正是如此，他们学校的效益很好。但不明真相的人总认为他们没有办出高端学校，就是失败了。

事实上，他们所做的事情社会意义更大。人都是平等的，教育更应该是平等的。让一个优秀的孩子进清华北大，或者让一个平庸的孩子走出困境，有一口饭吃，你能区别出哪一种更重要？

但老师们的想法就不同了，有的人觉得自己在私立学校，又执教这些成绩很差的孩子，感觉抬不起头来。如果自己都瞧不起自己，那还有什么尊严可谈呢？如果老师自己都失去了精气神，还怎么教育学生呢？

于是，我的朋友一方面提高老师的物质待遇，一方面带着老师在专业上不断成长。更重要的是他经常渗透这种崇高感，让老师们觉得自己的工作是重要的，有意义的，不可或缺的。

同样是泥瓦匠，一个搬砖的人，一个建造房子的人，一个创造建筑艺术的人，意义感不同，他们的工作状态怎么可能一样？未来的人生走向怎么可能相同？

几年过去了，朋友的那所学校培养出来的老师，全部都是精英。后来那所学校改制，朋友离开了那所学校，那所学校的老师散布在苏州各大名校，但他们如今无一例外都在挑大梁，而且都是非常卓越的老师。

最重要的是，从这所私立学校走出来的老师们，迄今都如兄弟姐妹般，常常聚会，交流情感和思想。文化熏陶的力量岂能小觑？

我同学的母亲，今年生病刚刚走了。之前过年时我们去看望她老人家，她告诉我们，过去住在深山里，向大山讨生活，伐树，拖毛竹下山，都要靠劳动力。但她却生了三个女儿。按理说，这应该算很难过的了。同学的爸爸也觉得抬不起头来，自己默默干重活，头低得越来越厉害。但同学的妈妈不这样。她告诉老头子，你给我把该死的头抬起来，不管别人怎么看，我们自己要看得起自己！

她的三个女儿深受母亲的影响，自尊自立，一个个成长起来，在各个领域都出人头地。当年嘲笑他们的人，现在又怎么样呢？

老师也是如此啊，人应该要吃饭，但不能为吃米而活着。我们要有崇高感，努力找到工作的意义。只要我们自己看得起自己，哪管别人什么眼光？又哪里要在乎别人说些什么呢？

寻找我们自己的星辰大海

这是中国第 37 个教师节，也是我参加工作后的第 26 个教师节。教师节只是寻常的一天，但不要忘记生命就是由寻常的每一天所构成的，教育生命更是如此。

窗外望去，蓝天无影无踪，雾霾澎湃如昨。

这是 2021 年夏季的开学初，路人戴着口罩，行色匆匆……每个人都渴望一阵雨、一场风，期待被风雨吹散的雾霾，会清凉一个梦幻春天，一个教育的梦幻春天。然后，春天花会开，蓝天碧如洗。

很多时候，我们习惯于把问题交给时间，交给自然，甚至交给风，交给雨，而不是交给自己。我常常在疾呼之后，陷入长久的虚无。我在哪里？有没有躬身入局？有没有虚度生命的每一天？有没有在每一个起舞的日子里种下种子和希望？如果没有种子，时间将是永远的黑夜。

教育的雾霾也是如此。

很多人埋怨教育体制，却忘记了我们都是体制的一部分，比体制更重要的是我们自己。教育的一些问题，或多或少，也与我们不无关系。

人有非分的需要——欲望。有欲望就会有竞争；有竞争就会有恐惧；有恐惧就会有暴力；有暴力就会对他人的伤痛麻木不仁，就会视他人为可以买卖、可以利用、可以肆意践踏的工具。

自私自利的功利主义，一旦产生了，就会直接或间接地为周围带来阴暗、短视、冷漠的氛围，就会恶化我们的教育生态。什么班级课间操表扬多 1 次，元旦板报评比多 2 分，流动红旗多 3 面，单元小测验优秀率多 4 个百分点等，相对于学生精神生命的成长，这些外在的东西，究竟价值几何？所以我们每个人都要或多或少地为这个不如意的教育生态负一点责任。

如《肖申克的救赎》中的瑞德所说："这些高墙还真是有点意思。一开始你痛恨它，然后你对它就习惯了。等相当的时间过去后，你就会依赖它。那就是体制化。"我们忘记了教育不是一堵堵墙，而是一扇扇窗。打开窗户，让生命的阳光、细雨与和风进来，是每一个老师的责任。

为什么选择教师呢？有时候我们不妨回想一下当初的选择，在岁月的流逝中，我们有没有丢失最初的心？

谁都知道，选择了在黑板前站立，就选择了一种永恒的姿势、一种责任、一种狂热、一种使命、一种默默无闻且光明磊落的情怀。

教育不是饭碗，不是差事，甚至也不是职业，而应该是也必须是一项伟大事业。它需要梦想家和诗人来经营，需要信徒和殉道者来朝圣，需要肉体的投入，灵魂的参与，精神生命的极度支撑。否则，我们何以设想：很多年前，那个苍颜白发的老人，奔走在列国之间，累累若丧家之犬，却能安天乐命，以天下为己任？即便十面埋伏，危如累卵，还能在杏坛之上，弦歌不辍？

教育需要乌托邦，需要田园牧歌式的价值追求，更需要一种痴迷、一种疯狂、一种虽九死其犹未悔的执着精神。如此，方能抗争疏远自然、脱离生活和缺乏诗意的种种弊端，才能引领儿童回归田园，融入生活，发现并唤醒孩子的野性思维和原始的生命激情。教育注定要在舒展中自我成长，热血注定要燃烧，生命必须在场，涓涓细流必将汇成小溪大河，最终黄河入海流。

但是，当下的分数教育，过分强调竞争，不少老师被逼成了灭绝师太和岳不群。大家都在恶狠狠地教书。太阳底下最光辉的人，活得一点也不光辉。这正是教育的永恒的悲伤。

那么，教师真的无为了吗？甚至沦落为低俗社会的推波助澜者，随其流而扬其波，哺其糟而啜其醨？

很偶然地读到这个故事，我的心一下子就被照亮了。

客人们围坐在餐桌前，谈论着有关生活的话题。

一位公司首席执行官决定通过教育来说明他的观点。他说道："从一个认定他一生的最佳选择是当老师的人身上，孩子们能学到什么呢？"他提醒其他来宾："有能力的，去做事。没能力的，去教书。"

为了强调他的观点，他对另外一位客人说："玛丽，你是老师。请坦言，你能做些什么？"

为人一向诚实而坦率的玛丽回答道："你想知道我能做些什么吗？"停顿了片刻，她娓娓道来……

"嗯，我能让孩子们学得比他们想象的还努力。我能让一个得C+的孩子感觉不比国会荣誉勋章获得者差。我能让孩子们坐在我的课堂里40分钟都不厌烦。而如果没有苹果牌MP3、游戏机或租来的电影光盘，他们的父母连让他们安静地坐上5分钟都办不到。"

"你想知道我能做些什么？"她又停顿片刻，环顾了一下餐桌边的每位客人。

"我能启发孩子们的好奇心；我能引导他们问问题；我能让他们诚心诚意地道歉；我能让他们树立尊重之心，学会对他们的行为负责；我教他们书写，并让他们去写。敲键盘并不能代表一切；我敦促他们阅读，阅读，再阅读。

"我教他们从头至尾，一步一步地把每一道数学题演算出来。我鼓励他们用上帝赋予他们的大脑，而不是依赖人造的计算器。我帮助国外来的学生既学习用英语了解他们需要知道的一切，同时又保留住他们本国文化的独特性。我让我的教室成为所有学生都感到安全的地方。我让我的学生站直，把手放在胸前，宣誓效忠美国国旗和国家，说我们是上帝庇佑下的国家，是不可分割的，所有人都享有自由与公正。

"最后，我让他们懂得，如果他们能够利用天赋，努力学习，听从心灵的召唤，他们就会拥有成功的人生。"

玛丽最后一次停顿了一下，然后接着说："我知道金钱绝非一切，所以，当有人试图通过我所挣的多少对我作出评价时，我会昂起头，对他们不予理睬，因为他们太无知了……你想知道我能做些什么？我能给世界带来变化。你呢，首席执行官先生？"

首席执行官惊讶得张大了嘴巴，无以应答。

总得有人去擦星星。当那些八哥、海鸥和老鹰都在抱怨星星又旧又生锈，我们还是带上水桶和抹布，去擦星星吧。总得有人去擦星星，擦亮星星，也擦亮我们自己。向玛丽老师学习，不再抱怨，从有限的自我做起，树立教师的职业尊严，相信我们能够改变世界。

改变世界从改变自己开始。这些年，我们一直在寻找治理教育雾霾的捷径，当我们拼尽全力也找不到的时候，为什么不抛弃这一切重新创造呢？用我们汗迹斑斑的手，还有一颗从未失去理想的心。

我们有信心驱赶走雾霾，创造属于我们这个时代的"教育蓝"。

我们坚信，源头的石头会改变河流的走向。

我们有一万个理由，保持着源头的清洁，会有梦想相同的有志者，接纳潺潺的小溪，汇聚奔腾的大河，奔向广阔无垠的大海。

我们坚信：没有人的课堂，是不道德的课堂；没有根的教育，是水土流失的教育；没有灵魂的教育，只能培养出乞乞科夫一样的"死魂灵"，绝不可能培养出具有必备品格和关键能力的一代新人。

没有方向，就不会到达。我们会和您——我们的兄弟姐妹，一起把握历史的进程，一同寻找教育的伟大力量。

这就是教育，这就是人民教师的伟大意义！

那些逆行的老师

很偶然看到一个视频，非常震撼。

2022年9月5日四川泸定发生地震，截至11日已经造成93人遇难，其中甘孜州遇难55人，雅安市遇难38人，另有25人失联。

监控视频中是地震中的某幼儿园老师们。她们带着孩子吃好饭，又送孩子们休息后，自己开始吃饭。突然间地动山摇，地震了！她们立马扔掉手里的饭碗，迅速冲向幼儿休息室。

感人的一幕发生了，这些平时手无缚鸡之力的女人，左手夹一个，右手夹一个，抱着熟睡的孩子撤离。有的直接把床上的几个孩子撂起来，双手抱起来就跑。

食堂阿姨也自发加入转移孩子的大军。这是一场无声的战斗，生死时速，与死神抢时间。因为你永远不知道房子何时倒塌，意外什么时候到来。

监控显示，这所苗苗幼儿园，仅用时1分40秒，全园400余名孩子全部被带至安全区域。这个效率，可见平时没少训练过。

看完视频，我的鼻子发酸，眼睛里泪水涌动。谁说站在光里的才是英雄？谁说平凡不是英雄？这一刻她们全都是英雄。

地震是最大的天灾，人类在地震面前毫无抵抗之力。既不知道它何时到来，也不知道它烈度多大。很多年前唐山大地震，持续时间只有23秒，却造成242769人死亡，164851人重伤，"谈震色变"绝非一句空话。汶川大地震对四川人来说，还历历在目。

但在这突如其来的灾难面前,老师们的第一反应都是保护孩子。她们都是女人,按世界文明惯例,也是要被保护的对象,但那一刻,她们扔掉了饭碗,把个人生死置之度外,逆行而上,风萧萧兮易水寒,她们把孩子们的安危放在了最高位置,这是人性的光辉,也是师者的光辉。

在地震的晃动中,她们抱着孩子逃离危险区,而且一次次冲入休息室,她们知道每一次冲进去,都可能再也出不来了。老父母没有人赡养,亲爱的丈夫再也不见,孩子从此没有了妈妈……但那一刻,她们什么也顾不上了,她们是人民教师!为了孩子们,为了自己的学生,她们宁愿用生命去置换生命,用热血去兑换热血,这是真正的师之大者!

更可贵的是这些食堂里的阿姨,她们并不是老师,甚至连孩子的护工都算不上,但看到老师们冲进去了,她们也被这种精神感召,也冲进去了。

她们比老师们更身强力壮,像老鹰抓小鸡一样,一手抓一个,一手抓两个,就这样和死神抢孩子。她们承担了自己无须承担的责任,她们也是平凡的英雄。

灾难到来时的第一反应,最见人性的高贵。危难出英雄,在一刹那间,当所有的聚光灯打在一个人身上,这个人的某种选择,就使得她成了英雄。英雄不是生来就是英雄的,而是选择使得她成为英雄。这些老师和阿姨的选择,使她们成了英雄,成了我们心目中的偶像。

伴随着幼儿园老师抢救孩子的新闻,汶川大地震时,幼儿园园长赵立手拎两个小朋友惊慌逃出的照片,再次在网上爆出。

汶川大地震是2008年。如今多年过去了,当年的两个孩子长大了,他们回来看望老师,三人再次在一起照了相。这两张相片的对比,正是我们做教育的意义。

我是特级教师,但在这些老师面前,我感到非常羞愧,我必须向她们脱帽致敬,她们真正是人民的好老师,是教师的脊梁。

前几天是教师节，这些年，我们一直在寻找好老师，当我们拼尽全力寻找的时候，有没有想过，我们为什么要到处寻找？我们为什么不能从身边发现，或者就用自己的双手来塑造？我们有没有发现，我们自己也可以成为最好的老师？

我们真实，像一棵树扎根在这片大地上，尊重事实，既接纳阳光雨露，也沾染雾霾灰尘，却始终保持露珠一样的清澈。

我们崇尚科学，敬畏规律，始终坚持理性的力量，在教育荒漠化的板结之处，撬开一条缝隙，擦亮一点幽光。空袋不能直立，思想造就伟大。但我们决不愿意做空洞的思想领袖，我们还要做行动的巨人，披荆斩棘，逢山开路，遇水架桥，我们愿意用我们的血肉之躯，为中国教育蹚开一条新路。

我们坚守底线，保持一个知识分子的良知，始终不放弃教育的理想主义，纵然撞上南墙，也不悔改。我们可以沉默，但决不说谎。当星星都沾满灰尘的时候，我们愿意带上水桶和抹布，做一个擦星星的人。

眼前的这个视频，让我们相信并且坚信，我们这个时代，仍然有一种信仰，只要足够有激情有专业品格，我们也可以创造属于我们的56号教室。

教育最好的时候是现在、当下、此时此刻。如果我能使一颗心免于哀伤，我就不虚此生！如果我能把一只小鱼扔进大海，我就不虚此生！

陶行知先生说，教师的成功是创造出值得自己崇拜的人。这些幼儿园的老师，她们不但培养了孩子，还以生命保护和拯救了孩子，她们才是真正的大先生。

先生之识，江水泱泱；先生之风，山高水长。

教师专业发展的三大死穴

前几天与一位名校校长聊天,说到他们学校教师的专业成长陷入困境,老校长叹息连连,束手无策。我也有同感,很多教师不愿坐冷板凳,不愿下笨功夫。教师专业成长实在太难了。

启功先生曾经对"师范"二字做出解释,"学为人师,行为世范"。知、行两方面都要达到范本的方可为教师。这个要求何其高难,那么启功先生为何提出这么高的要求?或者说,教师为何要专业发展以至于斯呢?

首先,教师是特殊的专业技术人员。我们评职称的证书就是专业技术证书,专业成长乃是教师的职业需要,不仅关系着每一个孩子的未来,而且决定着人才竞争的成败,甚至影响着国运的兴衰,不可谓不重要。

其次,教师是社会中最普通的一分子。我们常说教师也是人,就是说教师除职业身份之外,还是一个普通的社会人和家庭人。是社会人就需要获得社会的尊重,是家庭人就需要获得家庭的幸福,但这与专业发展有何关系呢?

其实教师专业成长了,专业水平和专业技能提高了,教育教学就会成效显著,教师就会成为家长信赖、学生喜爱、校长信任、社会赞誉的好老师,其职业成就感和幸福感就会随之而来,心情好了当然也有利于家庭的和谐融洽。由此可见,教师专业成长还是教师社会认同和家庭幸福的保障。

最后,教师还是国家意志的执行者。谁在办教育?为谁办教育?这两个问题必须思考。我们是国家在办教育,办人民满意的教育。国家为全社会提供了全面的教育服务，当然也会提出相应要求：教育要适应经济、政治的发展需要，要为社会发展提供智力支持，要培养出德智体美劳全面发展的社会主义建设者和接班人。

从这个角度来看，教师的专业发展还与时代密切相关。教师追求专业发展，事实上还是复兴国家的责任担当，为人生而教，为国家而教。教师的专业发展与教师的职业感、成就感和幸福感，以及使命感和责任感密切相关。

教师为何要专业发展说明白了，那么第二个问题来了，什么叫死穴？

死穴就是影响发展的致命因素，有了它，教师专业发展就陷入绝境，寸步难行，灰飞烟灭。那么，影响教师专业发展的死穴是什么？

分析下来，我们觉得他们学校教师专业发展有三大死穴，这些因素也具有普适价值。

第一个死穴是自高自大。名校是"一方重镇"，是金字塔的塔尖，四方英才尽入彀中。再加上荟萃名师，卧虎藏龙，名师出高徒，产出自然一枝独秀，其他学校难以望其项背。良性循环，名校更有烈火烹油、鲜花着锦之势。名校教师的资源得天独厚，大树之下好乘凉，自然备受尊崇。久而久之，少部分人把名校和名师混为一谈，把名校之功加诸己身，俨然都是名师风范、名家风流。冷板凳坐不了，苦功夫不肯下，自高自大，目无下尘，忘记了平台之功，否定了生源之力。

乔家大院中的孙茂才，原先只是一个穷酸落魄的乞丐，后来为乔家生意立下汗马功劳，开始小人得志，兴风作浪，最后因私欲膨胀被赶出乔家。他想要投奔乔家老对手钱家，谁知道钱家掌柜的对他毫不客气："你搞错了吧？不是你成就了乔家生意，而是乔家生意成就了你！"

很多人错把平台当成了本事，宦者令缪贤就犯过这样的错误，在国家危急存续的关头，他为了推荐蔺相如自曝其丑："臣尝从大王与燕王会境上,燕王私握臣手,曰'愿结友'。"所以等到缪贤犯错,他就打算出逃燕国。但相如对他说:"夫赵强而燕弱,而君幸于赵王,故燕王欲结于君。今君乃亡赵走燕,燕畏赵,其势必不敢留君,而束君归赵矣。"

蔺相如的高明就在于他能够洞悉事情的本质,燕王之所以想要结交缪贤,乃是因为缪贤所在的赵国是大国强国,缪贤又被赵王所宠幸,这个平台和角色使得缪贤成了燕王拉拢的对象。一旦缪贤离开这个平台,他就一钱不值。

孙、缪二人错把平台当成了本事,真正有本事的人都知道,个人能力才是王道。离开平台后的本事才是真本事,但有多少人敢离开平台呢?巴菲特曾说过:"只有在潮水退去时,才会知道谁一直在裸泳。"这个潮水也是平台,潮水的遮掩,让我们忘记了自己的底裤是什么。央视的主持人白岩松也说过:"让一只狗天天上央视,也能变成名狗。但要知道,没了央视的舞台,它很可能用不了多久,就会变回土狗。"

第二个死穴是漫不经心。所谓"专业",至少要满足以下几个条件:一是范围明确,垄断从事社会不可缺少的某项工作;二是时间保障,需要长期的专业教育获得从业资格;三是独立负责,从业者在专业范围内直接负有作出判断、采取行动的责任。

与专业性相对的就是随意性,漫不经心,笼而统之,大而化之,这就是缺乏专业性。而要做到专业性,教师有三个素质不可缺少。

一是专注。专注在"范围明确"的领域内,不见异思迁,不首鼠两端,不患得患失。争取干一行,爱一行,钻一行,精一行,勤勤恳恳,精益求精。

二是持续。教育事业是一个漫长的工作,绝不能靠灵感和灵机一动。作为一个专业的教师必须能够持续输出,而要持续输出,就需要在时间长河中保持旺盛的学习力,否则很快就会干涸断流乃至杂草丛生。

前天与著名特级教师曹勇军先生聊天,聊到一位大师与于漪先生的比较。曹老师提出了一个重要的维度，那就是能否持续性地输出。正是在这一点上，那位老师输给了于漪老师。

三是负责。专业化的教师自己就是一个领导者，他们往往具有专业自信，能够独立判断，独立选择，并且独立承担责任。

漫不经心的老师，恰恰缺少这三大素质。一是做事没有毅力，不够专注，都是差不多先生。二是不愿花时间沉潜下去，总想着毕其功于一役，华而不实，蜻蜓点水。三是跟着感觉走，不判断，不选择，不负责。

第三个死穴是不思进取。不思进取是与自高自大紧密关联的。据说，拿破仑率领大军经过阿尔卑斯山时，突然停下来，指着阿尔卑斯山说："我比阿尔卑斯山还要高大！"

其实拿破仑比较矮小，可能还不到一米七，却没有一个人嘲笑他。为什么？因为他身后的那支军队让他看起来非常强大。没有这支强大的军队，他就是在说胡话。但也正因为有了这个军队，拿破仑开始自高自大。强大的军队是他成功的保障，也是他失败的渊薮。

少数教师也是如此，身后有强大的名校依托，面对高山仰止的人物也敢说，我比某某某还要高大。但盛名之下，其实难副。人都是有惰性的，既然不努力也能有好生源，也能混日子，也能获得荣誉和尊崇，谁还愿意苦哈哈地拼命呢？

但这还不是最可怕的，最可怕的是，一旦停下了追求的步伐，人的脑子就会生锈，思维就会结茧，思想就会陈腐，最后变得像九斤老太那样保守反动。即便深刻认识到自己落伍，想要迎头赶上，也为时已晚，生锈的脑子已经彻底废了，不具备真正的学习力了。很多人都认为职业倦怠感是人倦怠了，但我认为这些人更多的不是不愿学习，而是不能学习，这才是最深的悲痛。

不思进取究竟有多可怕？过去有句话叫"山中方七日，世上已千年"，一般说这是仙境和人间的区别。但我常常想的是，这个"山中方七日"，是不是也可以理解为"躲进山中"不学习的山呢？

社会发展太快了，知识更新太快了，一日不学自己知道，两日不学身边人知道，三日不学地球人都知道。七日不出山，世上已千年了，我们这些不学习的人不就成了史前人类和老古董了吗？

这三点就是教师专业发展的三大死穴，如果不解开这三大死穴，青年教师的专业发展就会气血不畅，好胳膊好腿都将会坏死，最后成为老弱病残，上战场就会不堪一击，不管你是不是名校名师。

敬畏学生

我总是敬畏学生的。

因为学生年轻，年轻意味着时间和资本。总有一天，学生将超越我们，把我们远远抛在身后。我们那些可怜的卑微的永远实现不了的梦想，在学生的面前，一个个都变成活生生的现实。

学生比我们更有朝气，更有活力，也更有创造力。伟人毛泽东也不得不承认："世界是你们的，也是我们的，但是归根结底是你们的！"

这些年来，尽管我貌似强大，但每接手一个班级，我都诚惶诚恐，害怕学生不接受我，不喜欢我的课，我甚至为此感到自卑。

直到有一天，我读到了王栋生老师的一篇文章。我惊讶极了，原来他和我有一样的感觉。王老师做了那么多年的老师，是苏教版教材的主要编写者，是全国有名的杂文家和教育大师，依然如此。人微言轻的我，又值几何呢？

据王老师透露，北大教授钱理群先生也是这样。上每届学生的第一课之前，他都睡不着，一个人在外面散步，徘徊，舒缓自己的紧张情绪。

其实，紧张是一种美好的情绪。紧张说明我们在乎、慎重、珍惜，作为一个教师，当然应该珍惜我们的教育。这种紧张还来源于我们对教育的热爱，对教书育人的敬畏，以及对学生油然而生的责任感。我们害怕误人子弟，害怕教无所获，害怕被学生遗弃，种种的担心和顾虑，纠缠着我们，使我们夜不能寐。

要知道，教师从事的是"高危"职业，没有任何职业会这样关系重大。为什么教无止境？因为对教育而言，百分之九十九的成功，依然是不够的；百分之一的人失败了，他们的人生走向发生了改变，百分之一的家庭就会因此变得不快乐、不圆满。这是教育不能承受之轻。

教育的失误是最大的失误。由于时间的不可逆转性，我们还没有办法补救这种失误。尽管以后，我们可能会汲取教训，变得更好、更强大，甚至成为最优秀的老师。但是，对于这个已经过去的学生，我们的补救没有任何价值。对具体的学生而言，我们付出的是职业时间，而学生付出的却是生命时间。

误谷误一季，误人误一生。教师，需要敬畏学生，并以此为基础，确立并践行我们的职业伦理。我们必须有为学生生命奠基的使命感，为学生生命成长添砖加瓦的成就感，为学生失败而产生的刻骨铭心的负罪感。这既是教师的使命，也是教师的宿命。

年轻的时候，我是意识不到这点的。那时候，我意气风发，指点江山，口若悬河，以为自己无所不能、无所不晓，尤其喜欢卖弄，喜欢显摆。大型考试，我常常把自己的试卷偷放在学生试卷里，装订起来，每次流水作业，我都是第一名。然后，我大言不惭地告诉学生，让他们向我看齐。

我还有一种课型，就是组织整个班级和我一个人辩论，向我开炮。我就像诸葛亮一样，在教室里信步，舌战群儒。尽管课堂的效果不错，但常常看到学生像斗败了的公鸡以及泄了气的皮球，我就有种异样的感觉……

有时候，我也困惑。不管白猫黑猫，抓到老鼠的就是好猫，那么，不管采取什么方式，能提高效率的就是好课吗？但是，那种美好的师生情感，那种教学相长的融洽又在哪里呢？

现在想来，真是可笑。

韩愈早就说过了："闻道有先后，术业有专攻，如是而已。"我们不过比学生年纪大一些，早一点知道道理，这有什么了不起的？还有很多东西，学生耳熟能详，我们却一无所知。就算在我们本学科中，我们就敢说，我们一定是最好的？有一句话是这样说的："作为心灵，教师未必比学生高尚；作为人，教师未必比学生高贵；作为读、写、听、说的语言主体，教师也未必比学生高明。"

现在的我，常常虚心地向学生请教，他们也乐于指导我；我更是学会了自嘲，教师的威信不是树立起来的，而是在彼此信任的友谊中培养出来的。

年少轻狂的我，总是严格要求每个学生，不容许学生有丝毫的懈怠。其实，学生完全有不优秀的权利。这里的不优秀，也许蕴含的就是将来更大的优秀。贾平凹的那一块丑石，当然不能用来砌墙，不能用来铺路；柳宗元的那条愚溪，当然不能用来灌溉，不能用来行船……丑到极点就是美到极点，世人眼里的丑和愚，恰恰是它们本来的朴质和伟大。这是在了解了加德纳的多元智能理论之后，我最突出的感觉。

加德纳说，人有8项智能：语言智能、数学逻辑智能、空间智能、身体运动智能、音乐智能、人际智能、自我认知智能、自然认知智能。这8项智能，此消彼长，每个学生的智能都不相同，而当前学校衡量的只是学生的数学逻辑智能和语言智能。换句话来说，我们目前对学生的评价是不全面的，也是不公正的。

换成今天的考试，不仅丘吉尔、爱因斯坦要天天挨骂，就连数学为短板的毛泽东，也注定是要被淘汰的。难怪毛泽东给傅斯年留言说：坑灰未冷山东乱，刘项原来不读书。

想起我刚当老师的时候，我做班主任，我班有一个学生，我一直不看好他。他浑身很脏，写字特别难看，头发就像鸡窝、乱稻草，而且极端厌恶学习。我认为他不可救药，对他冷眼相看，视他为"差生"，后来又改了说法，称他这类学生为"后进生"，事实上就是放弃他了，他最后确实也没考上大学。

很多年之后，他在我的博客上留言。毕业之后，他当兵了，考上了军校，成为一名优秀的军官，而且荣立了二等功，在全军科技创新比武中，屡创佳绩。最后，他对我说，老师，我终于有出息了……

他用的是省略号，是的，意味无穷的省略号，他还留下了他的电话号码。看到这个留言的时候，我一个人在校园里走来走去，我被一种悲伤折磨着。我培养了那么多优秀的学生，但这个学生的成功与我无关。岂止是无关，他还用自己的实践教训了我，证明了一个老师的偏激和愚蠢。

我一直没有回这个电话，也没有勇气回，只在留言中，祝福他，真诚地祝福他。我想，有一天，在他取得更大成就的时候，我会回的，向他表明一个老师迟到的歉意。

因为年轻，学生会有很大的可塑性，而社会又是如此的复杂。更何况，不同的智能决定了学生不同的选择，我们怎么能给学生贴上标签呢？如此管中窥豹，岂不荒唐？

我又想起我儿子，小时候他的成绩一点也不出彩，但我有足够的耐心，相信种子，相信岁月，等待他成长。儿子的英语口语不好，发音也不标准。但我听说英语课文还没有上，他就主动要求站起来读，读得非常糟糕，全班同学哄堂大笑……

我听说之后，眼泪差点都掉下来了，成绩差一点有什么关系呢？面对挫折、不怕嘲笑的勇气才是可贵的、稀缺的。我和儿子交流起我的人生，我普通话不好，学历低，不愿说话，不敢说话，大型场合总是羞怯，几乎找不到一个发亮的优点。可是，人生的每个阶段，我都不允许自己有退路。背水一战，人生咬咬牙，硬硬头皮，就过来了。

想起了学生沈某某，那是我一直表扬的一个学生，他说："当世界都遗忘你的时候，你要学会给自己喝彩，做自己的上帝。"他在模拟考的时候，从来没有一次进到模拟的一本行列，但在高考中他却做到了。

毕业后的某一年冬天，突然间收到了他的一条短信：

"用鲁迅的话说是：其实世上本没有寒冷，穿的衣服少了，也就有了寒冷；用毛主席的话说是：温暖使人进步，寒冷使人落后；用周星驰的话说是：曾经有一次加衣的机会摆在我面前，我没有去珍惜，直到感冒之后，才后悔莫及，如果上天再给我一次重新来过的机会，我会毫不犹豫地加上我所有的衣服，如果一定要给衣服加一个数量的话，我希望是一万件；用祥林嫂的话说是：真的，我真傻，我明知道不加衣服会感冒的，我还……

"老师，天冷加衣啊，多多保重。"

我将电话打回去，发现沈同学正在感冒中，但他却想起了我……

在陡然的天气降温中，读到一个男孩子发来的天冷加衣的提醒，我深深感到做教师的幸福。

敬畏学生，是教师必备的从业心态和操守。热爱学生和尊重学生，几乎就是我们职业成功的前提。敬畏学生，敬畏一份美好的情愫，敬畏自己对学生的责任感，维护一份职业的神圣使命，如此，我们才能自觉地维护它和成就它，才能把职业转换成事业，并在事业中成就我们的幸福人生。

当我们老的时候，面对着炉火打盹，我们才可以如青年马克思一样说："我们的事业并不显赫一时，而将永远存在，高尚的人们将在我们的墓前洒下热泪。"

别丢掉，这一把理想主义

大谈教育理想主义，本来就有点理想主义。谁都知道，分数才是硬道理，能捉住老鼠的才是好猫。

但我们曾有过理想高举的时候。抗战时期，国立北京大学、国立清华大学、私立南开大学并作国立西南联合大学，在战火中穿行，荒郊野岭，扎营教书，驿路梨花处处开，只为了给国家留一些读书的种子。

卢沟桥事变之后，北平沦陷，天津沦陷。国立北京大学、国立清华大学、私立南开大学先是南下长沙，组成"国立长沙临时大学"。几个月后战事吃紧，所有师生，不得不分海陆两路进入云南昆明。

这是世界教育史上绝无仅有的一次"长征"。3所彼此竞争、互有抵触的高等学府，摒弃前嫌，组成国立西南联合大学，开始了长达8年的联合教学。这不仅是一种伟大的理想主义，甚至是一种刻骨的浪漫主义。

西南联大存在了8年，从这里走出的学生中，共有2位诺贝尔奖获得者、5位国家最高科学技术奖获得者、8位两弹一星功勋奖获得者、171位两院院士以及100多位人文大师，成为真正的"大师之园"。

弗吉尼亚大学的一位史学教授对西南联大进行了10年的研究后，得出结论："西南联大是中国历史上最有意思的一所大学，在最艰苦的条件下，保存了最完好的教育方式，培养了最优秀的人才，最值得人们研究。"

其实，西南联大的成功并不难理解。永远追求真理，永远高擎理想主义，是其成功的重要因素。

正如西南联大的校歌所唱：

> 万里长征，辞却了五朝宫阙，暂驻足衡山湘水，又成离别。绝徼移栽桢干质，九州遍洒黎元血。尽笳吹，弦诵在山城，情弥切。
>
> 千秋耻，终当雪。中兴业，须人杰。便一成三户，壮怀难折。多难殷忧新国运，动心忍性希前哲。待驱除仇寇，复神京，还燕碣。

唯有怀抱着"千秋耻，终当雪"的爱国热忱，担负起"多难殷忧新国运，动心忍性希前哲"的历史使命，才能把自己的一颗心掏出来，化为闪亮的火炬，照亮那个时代的黑夜沉沉。

林语堂到西南联大演讲，热泪横流，感慨万千："西南联大物质生活不得了，精神生活了不得！"

物质生活如何"不得了"？

尽管西南联大的教室和房子是一代大师梁思成设计的，但是巧妇难为无米之炊。那里条件艰苦，不仅房子狭小，更要命的是，电力供应严重不足。学生晚上争抢位子，争抢灯源，常常会受伤。图书馆只有200个位子，每晚却要容纳2000多个学生，压力可想而知。

这些都是未来中国的脊梁和希望啊，他们，就在这样的环境里蛰伏，"千红万紫安排着，只待新雷第一声"。

宿舍是土坯墙，茅草顶。每当外面风雨大作，里面就是小雨小作。上铺人防雨，下铺人排涝。雨后，宿舍里泥泞不堪，甚至长起了杂草，学生们的鞋子穿一个雨季就烂了。于是，诙谐地称鞋底磨穿了是"脚踏实地"，鞋尖和鞋跟破了叫作"空前绝后"。

西南联大的伙食极差，很长一段时间里，师生每天只能吃两顿饭，上午 10 点和下午 4 点各吃一餐。因供给的是劣质米，米饭里的沙石、老鼠屎、糠屑很多，学生们戏称为"八宝饭"。

但一种精神的高标就树立在那里，一种使命感和责任感，一种伟大的乐观主义精神、理想主义激情，油然而生，沛然而至，莫之能御。在这样艰苦的环境里，整整 8 年，西南联大没有一个学生因贫穷而辍学。

他们高擎着自己的灵魂而活着，只要这种精神还在，中国读书的种子就不灭，我们国家魂就还在，灵就不死，气就长存。

然而，在物质极大丰富的今天，我们穷得只剩下钱，以至于失去了理想主义。我们的一些教育工作者活得功利、猥琐、算计，为了一点可怜的利益，鼠目寸光。一旦失去教育的理想主义，教育就会逐渐蒙尘，直到荒草丛生，污秽遍地。

一个最现实的问题是，现在最有思想、最有学问、最有才华的人都不当教师了。而在中国现代史上，几乎所有的大家都曾经屹立在讲台上，给我们输送着最完整、最丰富、最鲜活、最有生长力的精神食粮。当然，我不怀疑现在中国已有的教育大师，但我怀疑这些大师中有多少人具有真正的教育情怀。

教育绝对不是饭碗，不是差事，甚至也不是职业，而应该是一项伟大的事业，抑或是一个虔诚的宗教，需要梦想家和诗人来经营，需要信徒和殉道者来朝圣，需要肉体的投入，灵魂的参与，精神生命的支撑。

但这种理想，我们现在还剩下多少呢？我们常常嘲笑那些仰望星空的人，我们的作文题目中，甚至用哲学家因为仰望星空而掉进一个土坑中的狼狈不堪，来引导我们的学生，鞭挞哲学家的好高骛远，然后猥琐地把"小心谨慎地盯着脚下，老老实实做人"植根在学生的心里。

爱因斯坦说，这是猪栏的理想。我们不仅庸俗自己，还把这种实利主义传达给我们的下一代。其罪，何其大也？

看看现在的课堂里的学生，满脸都是世俗的功利。如果和分数无关，很多学生就会漠不关心，无动于衷。

理想主义死了，星星之火也就熄灭了。

那些厌学、厌上进的学生，不是脑子笨，也不是能力差，而是失去了理想主义，于是浑浑噩噩，随波逐流，失去了向上之心。

那些倦学、厌教的老师，"非不能也，实不为也"。他们缺少的只是对美好事物的感知能力，对伟大事物的敬畏之心，对人生价值的理性选择，以及在这些基础上才能形成的不为功利的、坚定的、执着的理想主义。

一个人有了这样的理想主义，就不会轻易被诱惑、被动摇，就能够远离功利，远离铜臭，远离庸俗，远离低级趣味，就能获得无限持久的动力，就能够坚守自己的教育情怀，实现自己的教育理想。

因此，当前教育必须呼喊理想主义，重塑人文精神，坚定理想主义教育，通过高远之目标、良性之竞争、良好之思维、坚强之意志、强烈之责任、合作之品质、独立之精神、自由之思想的灌溉，使得理想主义像一面鲜艳的旗帜，高高飘扬，灼人奋进。

我希望自己能够如浮士德一样，宁肯把灵魂输给魔鬼，也愿意为这样的伟大理想感叹一声：你是如此美丽，我希望能够为你逗留！

教师要捍卫自己的教育权

主权不仅国家拥有，每个人也都拥有自己的主权。

谁能带领好自己，经营好自己，担任自己的领导者，谁就能真正拥有自己，捍卫自己的主权，当自己的家，做自己的主。

但在现实生活中，我们常常看到相反的情况，很多人没有主权意识，他们拒绝自由，亦步亦趋，唯命是从，一定要把自己投入一个强大的群体，以便获得一种安全感。

个体扑通扑通跳进群体的河流，随波逐流，与世俯仰，这种波澜壮阔的集体自杀行为，简直让人瞠目结舌。泯灭个性之日，就是沦为附庸和奴才之时。

《乌合之众》中这样表述："个人一旦进入群体中，他的个性便湮没了，群体的思想占据统治地位；而群体的行为表现为无异议、情绪化和低智商。"

进入群体、无条件服从群体的个体，逐渐丧失了自己的主权，忘记了自己的性格和属性，没有了自己的态度和嗓子，开始了个体的"亡己奴"生涯。

作为教师，一定要警惕这样的现象，一定要保卫自己的主权，进而延伸为捍卫自己的教育权。

教师如何捍卫自己的教育权呢？

首先教师要拥有自由。

何为自由？

一个人完整的自由，在我看来，至少包含两个方面。一是思想自由，二是身体自由。思想自由，就是我什么都可以想，什么都可以不想，天马行空，思想无极限，思想无国界，思想无罪孽。身体自由，就是无论在公共生活还是私生活之中，只要我不妨碍他人，我便拥有支配自己的身体并且使之免于禁锢的自由。

身体自由又与思想自由密切相关。譬如有思想自由，但没有身体自由，很多思想就流于空想。有身体自由，但思想不自由，无形中就戴上了精神枷锁，还是在奴役之中。

作为教师，首先要赢得自己的思想自治和身体自治，然后我们才能有望获得课堂的自由和自治。

说起来简单，但要实践起来，何其难也。

自由在哪里？自由在高处。

熊培云先生对"高处"有两个解释，让人信服：第一，世界就像是一个广场，如果你只知道左右，而忘了更要站在高处张望，你是很难找到自己的方向的。什么时候，当你能超拔于时代的苦难之上、人群之上，你能从自己出发，以内心的尺度衡量自己的人生，你才可能是自由的。第二，如果所有的人都蹲着、趴着、跪着，唯有你站着，那么你已经是在高处了。

前者是主观上追求高处，后者是客观上已经在高处。

对于老师来说，主观上追求高处，就是让自己达到最高境界，无论是思想层面，还是教育教学层面，一直追求，不断抵达，抵达到自己可能达到的最高层次，远远超出其他人，一览众山小。这个时候，你在高处，你拥有了最广大的支持者，你有了发言权，也有了自由权。

客观上处在高处，就是你始终站着，坚持做你自己，不跪着教书。

一个教师，唯有拥有教育的自由，才可能实现教育自治。唯有实现教育自治，才算是捍卫了自己的教育权。

其次是教师要实行民主。

实行民主，就是教师必须妥协，给学生应有的权利。

自由是什么？自由就是能够做自己。

民主是什么？民主就是每个人都有权自由做自己。

民主的核心就是平等，平等能够激发自由。

《语感论》上说："作为心灵，教师未必比学生高尚；作为人，教师未必比学生高贵；作为读、写、听、说的语言主体，教师也未必比学生高明。"没有谁的人生可以复制，你也没有必要去复制，你只需要做最好的自己。没有谁敢说自己掌握了真理，说自己掌握了真理，这句话本身就不是真理。

既然如此，每个人都应该平等地做自己。爱因斯坦的小板凳做得不好看，但那是他自己做的，因而与别的好看的小板凳一样意义重大。

你即你自由。改变不了大环境，就改变小环境。小环境改变了，大环境也会随之改变。做自己力所能及的事情。你不能决定太阳几点升起，但能决定自己几点起床。

民主是什么？民主实质上还是一种关系。

结构主义说，世界不是由物组成的，而是由物与物之间的关系组成的。

伊朗导演萨米拉在电影《背马鞍的男孩》中讲述了一个在不平等的社会，人如何奴役人，以及人如何自愿被奴役的故事。

她说，导致我们不自由的不是坏人，而是坏的关系。或者说，不是人坏，而是关系坏。这里的关系，既包括人与社会、与国家之间的群己权界，也包括个体之间的关系，当然也包括教育中的师生关系。

因为未能在制度上确立清晰可靠的权界，建立一种好的关系，结果师生都觉得自己不自由，都是弱势群体，都有挫败感。

所以，教师大胆实行民主管理，实质上是建立一种基于师生各自平等权益之上的关系。

作为现代老师，一定要走出师道尊严的误区，和学生在民主的规则范围之内，划定每个人的权限、责任和义务。师生围绕在伟大的真理面前，互相学习，如切如磋，如琢如磨，各言其志，弦歌不辍。

判断一个老师是否民主的标准也很简单。

就是在你建设的班级之中，看看是不是所有的人都能无条件获得尊重，是不是所有人都愿说、都敢说最真实的话。如果能够做到，这就是民主。

最后是教师要敢于与众不同。

当前教育最大的问题在于，我们依然是知识教育，离了知识教育，我们就寸步难行。我们口干舌燥，无非是多讲一点知识；学生反复操练，也无非是增加对知识的熟练度。大量训练和反复训练，使得师生都变成了熟练工人，我们忘记了一个简单的事实。吾生也有涯，而知亦无涯，以有涯之生命来求无涯之知识，殆矣！

更重要的是，学生来学校，不仅是要获得知识，还需要培养思维能力，锻造美好的人格，还需要变得坚强、勇敢、有韧性、有爱心、有远大的理想和责任意识，要敢于担当，敢于追求。而这些是知识教育无论如何也给不了的。

杜威说，教育即生活，生活即教育。

如果是知识中心论，就变成了教育即知识，知识即生活。教育是水灵灵的，是活的；生活是丰富多彩的，也是活的；但知识却是冷冰冰的，是死的。把水灵灵的教育和丰富多彩的生活统统打包纳入知识的大筐子里去，是多么荒谬和可耻。

所以，教师要捍卫自己的教育自主权，必须敢于创造。

让你的56号教室与众不同吧。教材无非是一个例子，条条大道通罗马，无数的课程都可以培养出健康阳光的孩子。用一种方法教50个孩子的是最坏的老师，用 50 种方法教一个孩子的，是最好的老师。

  我们要敢于创造，勇于创造，在我们找到教育真正的真谛之前，创造就是教育的名字。

  我常常遥想，就算你什么也没有给学生，但你帮助学生找到了他的兴趣所在，那也是了不起的功绩了。

  学生因此找到了自己的兴趣、志趣，愿意为之终生努力，就算他没有考上大学，他的人生也一定是丰满而有希望的，因为他是一个有方向、有爱好、有灵魂的人。更多的孩子，他们虽然终日忙碌，却不知道自己最适合做什么，最喜欢做什么，最需要做什么，只在送往迎来之间匆匆度过一生。他们的人生苍白得如同一张白纸。

  胡适说："争你们个人的自由，便是为国家争自由！争你们自己的人格，便是为国家争人格！自由平等的国家不是一群奴才建造得起来的！"

  从这个角度来看，师生拥有各自的主权，就是拥有整个教育的主权。教师捍卫教育的主权，培养出有主权的孩子，实质上就是为国家争自由，为民族争国格。

做不服从江湖的教师

《笑傲江湖》中，令狐冲心灰意冷，决意退出江湖，却遭到日月神教的教主任我行的嘲笑。任我行说："有人的地方就有恩怨，有恩怨的地方就有江湖。人就是江湖，你怎么退出？"

令狐冲顿时五雷轰顶，目瞪口呆。

是的，江湖并不遥远，有人的地方就有江湖，各行各业都有江湖。

譬如郭德纲，最爱说江湖：万事留一线，江湖好相见。反之则是，江湖路远，不必再见。

"江湖"一词本是普通的地理名词，原指长江和洞庭湖，也可泛指三江五湖。至司马迁写《史记·货殖列传》，用如椽巨笔高度赞扬范蠡——"乃乘扁舟浮于江湖"。

范蠡如此超然飘逸，洒脱避世，"功成不受爵，长揖归田庐"，给"江湖"一词赋予了一种深意。后人再谈江湖就有隐逸避世的意味，慢慢江湖演化为与朝廷对立的一个词。"居庙堂之高则忧其民；处江湖之远则忧其君。"范仲淹把这个文化意义表达得最为清楚。

钱锺书先生也有妙语："上帝要惩罚人类，有时来一个荒年，有时来一次瘟疫，有时产生一个道德家。"

何以要产生道德家？道德家产生何以是要惩罚人类？因为道德家的目的是要维护差序格局。差序格局某种程度上就是等级秩序，这是朝廷最喜欢的套路。江湖则相反。

王怡说："所谓江湖，不过是一个远离庙堂，又脱离了差序格局宗法势力范围的社会空间。"

江湖最大的特点和要义，就在于不服从。不服从对学校、老师和学生也具有重大的意义。

唯有一大批不服从的老师出现，我们才有可能培养出不服从的孩子，而做不服从的孩子，意义非常重大。

暑假我在新教师培训中，对年轻教师反复强调，千万不要很快被老教师同化，一旦你亦步亦趋，与老教师同质化，就意味着你初生牛犊的锐气没有了，敢闯敢拼的精神没有了，你活泼泼的个性失去了，你等于把自己所有的优势连根铲除，而你对教材不熟悉，经验又缺乏，你凭什么和老教师们竞争？

同样的道理，我们老教师也要大度一些，给新教师一定的自主权，给未来保留一些种子。当年欧阳修为苏轼留出三尺地，好让他出人头地，我们也应该有这样的胸怀。

我希望他们从职业生涯一开始，就要有自己的个性，就不轻易被别人改变。实质上就是要做不服从江湖的老师。你把自己当成学生，你完整经历学生学习的整个过程，你怎么学，你就怎么教；你过去喜欢什么样的老师，现在你就做什么样的老师，你过去讨厌什么样的老师，现在你就绝不做这样的老师。坚持学生视角，你就能做好老师。

我敢断言，伟大的老师一定不是听话的老师。

我们渴望出现不听话的老师、不服从的老师、不唯唯诺诺的老师，他们不拘泥于权势，不汲汲于名利，不为应试教育的锋刃折磨，能够坚守自己的理想主义，既教书，又育人，为人生而教，为真理而教，为真人而教。

他们关起门来，把自己的教室变成独立园地，从来不用分数把孩子分成三六九等，让所有的孩子都能无条件获得尊重，都能获得一种生命的安全感；他们的课堂上没有尊卑，无论大小，所有的孩子都能畅所欲言，表达对世界的理解和困惑，用露水一般清澈的眼光看待人生。

他们永远着眼于学生的进步，你的过去我一概不知，我只看你这一节课、这一天的表现，只看你当下的姿势，让孩子们永远用今天的事实说话，为学日益，为道日损，一步步奔向明亮的前方，最终开出自己的花朵。他们引导学生绝不做知识的搬运工，而是做真理的仆人，永远用自己的嗓子，说自己最想说的话，享受免于恐惧的自由。他们不给这个社会培养精致的利己主义者，而是给这个社会培养公民，既有鲜明的权利意识，又意识到自己的责任和担当，他们既具有民族灵魂，又具有人道精神和天地情怀，建立起一种大地伦理观，与天地精神相往来。

我欣赏这样的老师，但这样的老师越来越少了，有的已经离开体制，并且永远不会回来了。比如干国祥、魏智渊，但他们还在建设，在沙漠中铸造金字塔，把南明教育的牌子擦得锃光瓦亮。比如郭初阳和蔡朝阳，无论是初阳还是朝阳，都是精神明亮的老师，这一点毫无疑问。

但更多的老师，先是憎恨应试，后来是习惯应试，最后是离不开应试，甩开膀子为应试辩护。他们以为别人不谈应试，就是逃避应试，就是误人子弟。如果你保持孩子对学科的兴趣和好奇心，永远为伟大的知识而学习，看看他们的成绩是变得更差，还是变得更好？

学生也是如此。我们为什么一定要让学生画地为牢？听话就那么重要吗？

上帝在这一点上做得比我们强多了。上帝告诉亚当，你要听我的话，不要吃园子里红色的果子，否则就要受惩罚。

但亚当还是偷吃了禁果，这个不听话意义极为重大。原本孩子是在父母的羽翼下生活的，从来没有自主性。偷吃禁果，意味着孩子独立意识的觉醒，他变成了一个不听话的人，他独立自主地偷吃了禁果，他将被父亲逐出伊甸园。他将变得不再安全，但也将获得最彻底的自由。所有的孩子都会在惩罚中获得成长，所有的孩子也都会在离开家之后真正长大。

想一想吧，现实中，孩子必将有一天离开我们，他们的思想必将远远超出我们，如果我们一味要求他们听话，则意味着束缚、残暴和戕害。如果亚当没有偷吃禁果，我们今天还在伊甸园过着蒙昧的生活，赤身露体，没有智慧，不知道羞耻。

假如把上帝看成一位老师，那么其象征意义就更加清楚了。因为上帝无所不能，当然能够预见亚当会偷食禁果，那么他这样规定的意义是什么？他为什么还要把禁果变得很鲜艳、很诱人？

唯一的解释就是上帝希望孩子偷食，然后把孩子赶出去，让孩子经历风雨，承担责任，获得最终的自由。

上帝是高明的老师，也是慈爱的父亲。他知道不听话的意义，而我们到今天还在培养顺民，以为孩子不听话就是世界末日——真的该醒醒了。

也许不听话就是个性，就是创新，就是突破。我们不妨做麦田里的守望者，只要孩子不坠入深渊，就大胆放他们去飞，让他们去闯，让孩子在麦田里像蜻蜓一样飞来飞去吧。

这几乎是关于教育最美好的意象。没有之一。

一个人的专业精神

任何一个人都要有专业精神，这一点毋庸置疑。但我们很多人都缺乏这种专业精神。好在我有幸在几个普通劳动者身上看到过，所以很久都忘不了。

第一个人就是帮我们买房子的小单。那时候我们在苏州东大街租房子，房子里蟑螂太多了。到了晚上，蟑螂简直像千军万马，浩浩荡荡，大大小小的，一个个油光锃亮。太吓人了。程老师一开始吓坏了，后来见怪不怪了，反而不怕。但小王子（我的儿子）最怕这类东西，到了晚上，基本上不敢进厨房。

蟑螂最喜欢的活动场所，还是厨房。这与干不干净没关系，只与老房子有关。我猜想还与气味有关。租了两年房子，等到我们完成调动，可以贷款，就买一套新房子，尽早逃离此处，哪怕远一点也没关系。最重要的是解决蟑螂问题，这是我们当时最大的期望。

很幸运的是，我们遇到了中介小单。

小单是一个男生，年龄很小，很瘦，一说话就脸红。

因为买房，我接触了很多中介，每个人都亲热地叫我王哥，他们都巴望我尽快出手。他们不断提醒我，房子快要涨价了，再不买就亏大了。

小单只和我看过两次房，但给我的印象极佳。可能是和蟑螂待习惯了，我每看到一套好房子，都赞不绝口，把房东高兴得一愣一愣的。我恨不得小单赶紧帮我定下来。

小伙子显得很不高兴，对我不理不睬。出来的时候，小单再次叮嘱我："王哥，您能不能不把自己的真实想法说出来啊，要不然，我没法帮您还价。"

有一天，我看中了一套房子，价位也差不多，我偷偷告诉他，可以签约了。但小单愣是不同意。原因很简单，他觉得房子价格还有水分。这样的买卖促成了，不是他的光荣，而是耻辱。

我说："我怕这个房子卖了，就再也找不到这样的房子、这样的价位了。"

小单没办法，只能给我打包票，说："那样的房子，至少在两年之内，我随时都可以帮你买到。"

我这才将信将疑，听取了他的建议。

小单说，中介不仅仅是买卖房子的中间人，也是一种重要的服务性职业，任何一种职业都有自己的职业追求和精神。为了提升自己的专业水平，他学习了心理学、哲学和工程学，还有风水学。

每看一套房子，他都帮我理性分析，告诉我各种利弊，尤其将弊端说得一清二楚。让房子找到最好的主人，让买卖双方实现最大的公平交易，成了小单的最大追求。

还有一次，我们看到了一套有意向的房子，让他马上和房东谈。小单说，至少要过一段时间再来谈，不给房东过高预期，否则房价不下来。无论我怎么说，他就是不答应。我甚至威胁说要换别的中介，他也不为所动。

听小单说，他最得意的一笔生意是，一个房东，房价开得离谱，另外一个人却对这房子一见钟情，宁愿吃亏也要买下。小单坚决不答应。他做通了买房者的思想，说房东那个房价，这套房子卖不出。

于是，双方一直僵持，经过漫长的 3 个月时间的谈判，最终在房价市场稳定的情况下，那套房以低于开价 30 万的金额成交，买卖双方和中介都成了好朋友。

第二个人是一个卖花的小姑娘,她也让我感动。

前几天,我们约老同学与吴敌爸妈来苏州玩。当年我们从安徽老家来张家港,他们没少帮过忙。老同学两口子与我和程老师都是同窗,而且都是同宿舍。这不是一般缘分了,简直就是上天注定。我曾经在文章中写过,老同学招待我们,每餐都有大闸蟹,可惜我们当时还不知道大闸蟹是好东西,这是多么可笑。

离开张家港之后,我们每次回去,都由他们招待,都在大酒店吃饭,花费了他们很多钱。程老师虽然心疼,但又忍不住想念,只要那边一说,就没有不回去的。但一回去,就连带人家破费,这让我们很苦恼。

反复邀请,他们太忙了,也没时间来苏州。这次女神节,我给他们发信息,给我们的女同学过一个节怎么样?他们一口应允,说这个想法可以有。

我们非常兴奋,赶紧订房间,那几天我们都在做攻略。后来老同学又说太忙了,能不能另找时间。我们坚持己见,哪怕时间短一点,但一定不要错过。

3月9日是周末,我们一早出发,去买瓶子,挑选花。女神节太火爆,找了好几家,花都卖光了。最后找到一条街,都是卖花的。可惜花的品种都不全,花瓶也不好看。

终于,好容易找到一家,感觉很好。但她的花存量也不多。我和程老师挑选好花瓶,挑选好花,小姑娘就帮我们修剪、插花。她说话不多,但买什么不买什么,我们说了不算。她会将她对花的见解慢慢解释给我们听。每一朵花都有自己喜欢的对象,花也是有灵魂的。

程老师居然忘记了给自己买花瓶和花。我说,你也要买,女神节,怎么能把自己给忘了?女孩慢慢插花,要插三份。由于她家存量不多,程老师又在别人家买了花,带过来。她想要自己胡乱弄一弄。

小姑娘说,那不行,我来帮你。不管是不是从我家买的,但只要是从我家出去的花，都必须是最好的、最漂亮的。

我们都被这个女孩感动了，但更感动的还在后面。女孩一定要送我们几份养花的配方养料。女孩说，这是她们家独有的，一般人家的花一周就会死了，但她们的花里只要加入这种养料，一般都能活一个月左右。

我说，花活的时间越长，人家买花的频率不是越低吗？小姑娘答非所问：我不只是一个卖花人，我和你们一样，我也是一个爱花人。

那个假期太美好了，我们几个老兄弟、几个好姐妹都有了一份背山面水的美好记忆！

后来一个月快要过去了，果然，女孩的花真的活了下来。我觉得这就是一个普通人的专业精神。

第三个人是一个快递小哥。

前几天我看到《人民日报》推荐的一个快递小哥，经常给大学生送快餐。有个小伙子天天点外卖，小哥忍不住在里面加了一张纸条：还是以正餐为主，总是吃快餐不利于健康。

也许是越来越老了，我常常为这些人感动，这些普通人身上闪烁的品质，让我觉得温暖和坚定。这是来自普通人的良心，也是我们有勇气走向未来的力量。

这个世界是由普通人构成的。普通人可以成为沉默的大多数，但也可以选择做自己。不论职业和身份，我们都可以在自己的领域中，做最好的自己。

世界报我以冷眼，我给世界以微笑。这些普通人带着泥土的气息，还有谦逊和卑微，但他们又是最真实、最高贵的，拥有最洁净的灵魂，他们都是我的兄弟姐妹。

作为教师，每当看到那些感叹教师工资待遇不高、自怨自艾的同行，我就想告诉他们：我们不要再抱怨了，我们只改变我们能够改变的东西。

在如今的教育生态中，如果不想着做点什么，只一味抱怨自己的物质待遇，这是对我们职业的侮辱，也是我们自降身份。

身为教师，我自然常常感到绝望，但更多的时候，我激情满怀，我坚守自己的职业良知，开拓自己的知识领域，书写自己的生命传奇。

我始终相信，作为教师，我们可以改变世界。我始终认为，只要我们能够坚守我们的教育底线，做出不违背良心的选择，后世高尚的人们面对我们的骨灰，就会为我们洒下真诚的热泪。